D1693974

Kilchmann · Weine des Piemont

MARTIN KILCHMANN

WEINE DES PIEMONT

mit Photos von Hans-Peter Siffert

Müller Rüschlikon Verlags AG, CH-Cham/Zug

ISBN 3-275-01052-2

1. Auflage 1993

Copyright © by Müller Rüschlikon Verlags AG,
Gewerbestrasse 10, CH-6330 Cham

Sämtliche Rechte der Speicherung, Vervielfältigung und Verbreitung sind vorbehalten.

Satz: Vaihinger Satz + Druck, D-W-7143 Vaihingen/Enz
Druck und Bindung: Druckerei Uhl, D-78315 Radolfzell
Printed in Germany

Inhalt

Vorwort	8
1. Teil **Die wichtigsten Weine und** **einige exklusive Produzenten**	11
1. Einführung	13
2. Die natürlichen Bedingungen	18
3. Die Geschichte	21
4. Die Weine und ihre Rebsorte	25
Dolcetto	26
Barbera	30
Barolo	38
Barbaresco	58
Moscato	63
5. Acht Produzenten exklusiv	68
Elio Altare	69
Aldo Conterno	78
Giovanni Conterno	84
Angelo Gaja	89
Mauro Mascarello	100
Luciano Sandrone	104
Enrico Scavino	108
Roberto Voerzio	112

6. Ein Ausblick 116

**2. Teil
Der Ratgeber für die Praxis** 119

1. Die Weingüter 122

2. Die gesetzlichen Bestimmungen 194

3. Die Jahrgänge 197

4. Essen, Trinken, Übernachten, Einkaufen 203

5. Wein-ABC des Piemont 215

Quellenverzeichnis 233

Register 234

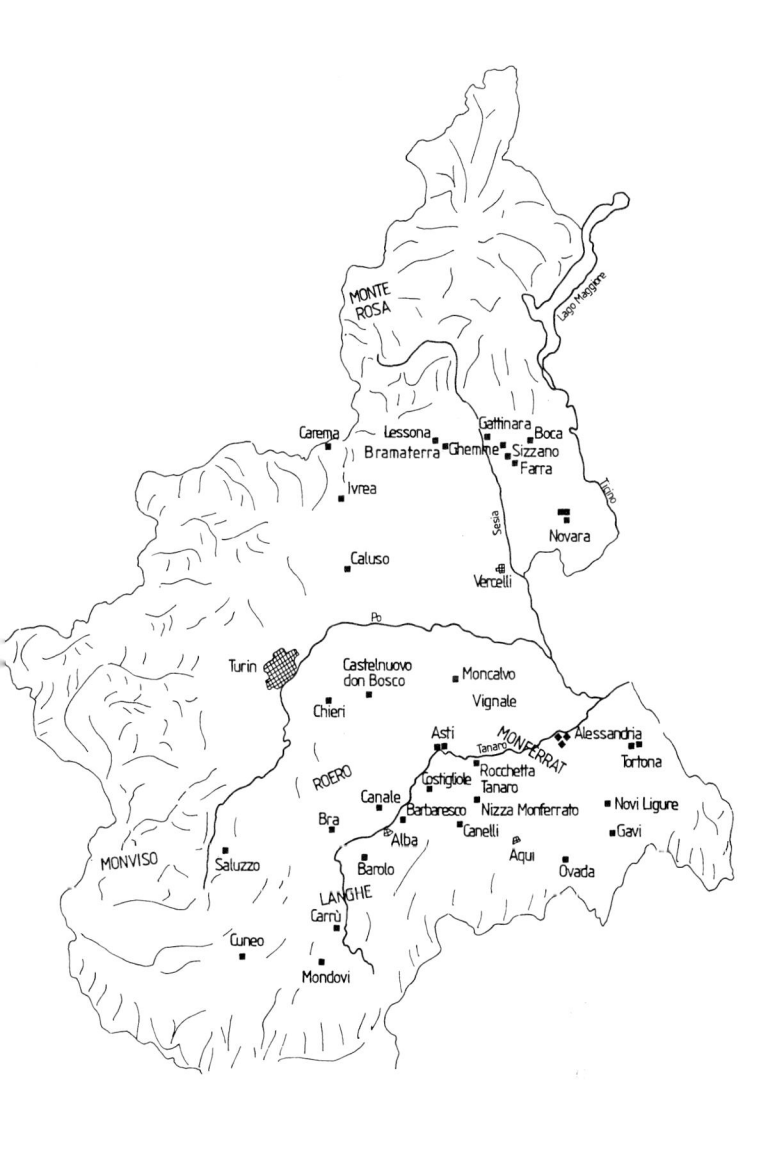

Das Wein-Piemont auf einen Blick

Vorwort

Die achtziger und auch die beginnenden neunziger Jahre meinten es gut mit den Winzern und Weinerzeugern des Piemont, mit den Gastronomen der Gegend und denen, die ihr Geschäft mit dem Tourismus machen. Die Natur sorgte für eine ungewöhnliche Reihe von qualitativ überdurchschnittlichen Weinjahrgängen. Die Produzenten, die die Finessen der Weinbereitung beherrschen – ihre Zahl hatte sich gerade in dieser Zeitspanne bemerkenswert vergrößert –, wußten aus dem Traubengut teilweise hervorragende Weine zu keltern. Das Interesse an diesen, zur Hauptsache roten Gewächsen nahm vor allem im Ausland stetig zu. Die internationale Weinpresse schenkte dem Piemont die gleiche Aufmerksamkeit wie den anderen großen, klassischen Weingebieten Europas, dem Bordelais etwa, dem Burgund oder der Toskana.

Neben fabelhaften Weinen verfügt das Piemont auch über eine Küche von außergewöhnlicher Eigenständigkeit und über eine dichte Streuung von Restaurants der unterschiedlichsten Art, in denen diese Gerichte meisterlich interpretiert werden. Wie vielleicht nirgends sonst verbindet sich die regionale Küche mit den typischen Weinen des Gebiets zu einer Art Gesamtkunstwerk, das als kulinarisches Erlebnis in jüngster Vergangenheit immer mehr Feinschmecker und Feinschmeckerinnen ins Piemont gelockt hat.

Die Erfahrung dieses Aufschwungs stand am Anfang der Arbeit an diesem kleinen Buch. Die ge-

genwärtige Situation zu beschreiben, die Winzer mit ihren Weinen etwas vertiefter darzustellen, ist sein Zweck. So wird daraus zweifellos eine Momentaufnahme. Sie holt ihre Tiefenschärfe aus der Befragung der Vergangenheit, und sie weist über sich in die Zukunft hinaus, indem die Entwicklung als Spur darin bereits angelegt ist. Wer das Werk zur Hand nimmt, soll die Wirklichkeit eines besonders komplexen Weingebiets besser verstehen lernen. Nicht nur die verschiedenen Weine, ihre Machart und ihre aromatische und geschmackliche Eigenheit werden beschrieben, auch die Menschen, die sich mit Kompetenz und Leidenschaft ihrer Herstellung widmen, erhalten lebendiges Profil. Der umfangreiche Anhang mit Jahrgangsbewertung, Glossar, Produzentenadressen und gastronomischen Hinweisen schließlich soll das Buch sozusagen »reiseführertauglich« machen: Kein Schicksal wäre ihm schändlicher, als unbenutzt im Büchergestell zu verstauben.

Ich habe mir das Buchmaterial auf zahlreichen Reisen ins Weingebiet erarbeitet. Ich habe dabei viele Weinkeller besucht, unzählige Weine verkostet und hinter der anfänglichen, typisch piemontesischen Reserviertheit sympathische, offene, ihr Handwerk mit nie versiegender Begeisterung verrichtende Männer und Frauen kennengelernt. Ziel meiner Erkundungsfahrten waren zumeist die Hügel um die Kleinstadt Alba, die sogenannte Langhe; seltener war ich im Roero und im großräumigeren Monferrat in den Provinzen Asti und Alessandria.

Aus der Langhe kommen fast alle großen (Rot-) Weine des Piemont. Stünde dem Namen »Langhe« heute im deutschsprachigen Raum nicht seine noch geringe Bekanntheit im Weg, er müßte statt des etwas weit gefaßten »Piemont« im Titel stehen. Ein Buch wiederum, das dem Anspruch des Titels »Weine des Piemont« voll genügen wollte, müßte auch andere Rotweine wie etwa Carema, Lessona oder Gattinara aus dem nördlichen sowie den weißen Gavi aus dem östlichen Landesteil berücksichtigen. Eine derartig vollständige Erfassung und Beschreibung der Weine des Piemont hätte freilich den Rahmen dieser Monographie gesprengt: Aus einem handlichen Führer wäre ein Werk enzyklopädischen Ausmaßes geworden, das nur mit großem Zeitvorrat und langstreckengestählter Ausdauer hätte geschaffen (und gelesen) werden können.

So wie es nun vorliegt, ist das Buch das Ergebnis einer ebenso subjektiven wie exklusiven Auswahl. Unter »exklusiv« sei hier jedoch nicht allein die geographische Komponente meiner Selektion zu verstehen. Das Attribut bezieht sich auch auf andere Entscheidungskriterien: Exklusiv können für mich nur Weine und Produzenten sein, die ich auch wirklich kenne (und ich kann nicht alle kennen!). Exklusiv sind in diesem piemontesischen Zusammenhang Weine, die aus gebietseigenen, heimischen Rebsorten gekeltert werden. (Chardonnay und Cabernet Sauvignon beispielsweise – so erstaunliche Resultate sie im Piemont ergeben mögen – gehören nicht unbedingt dazu.) Exklusiv sind schließlich Weine, die im Bewußtsein einer Tradition handwerklich tadellos erzeugt wurden. Weine, die Eigenart, Kraft und Tiefe besitzen und ihren Geist nicht schon nach einigen Monaten des Aufenthalts in der Flasche aufgeben... Nur, da mir jede päpstliche Attitüde gänzlich abgeht, sei freimütig eingestanden: Was ich für exklusiv halte, ist für jemanden anderen vielleicht höchst gewöhnlich. Der Satz gilt allerdings auch umgekehrt.

1. Teil

Die wichtigsten Weine und einige exklusive Produzenten

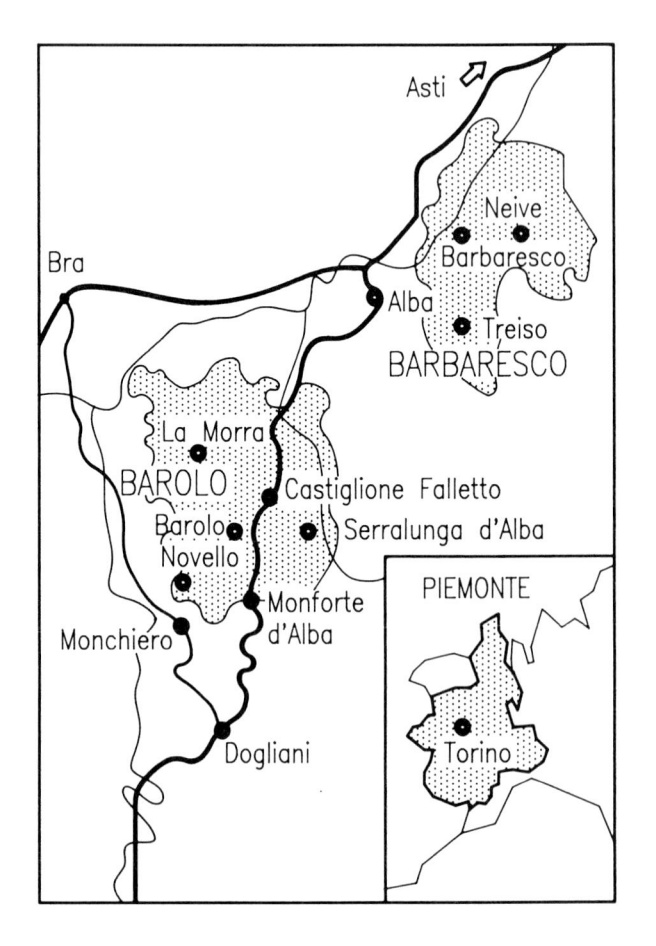

Die Langhe mit dem Barolo- und Barbaresco-Anbaugebiet

1. Einführung

Nehmen wir an, Sie haben – bewußt als Sternstunde gewählt – einen großen Piemonteser im Glas, einen Monprivato 1978 beispielsweise von Mauro Mascarello. Sie sind anfänglich enttäuscht von der spröd zurückhaltenden Art des Weins – eine nicht enden wollende Tanninspur, die das Gewächs schon fast ausgetrocknet hat. Sie haben den Barolo dekantiert – große Piemonteser gehören in die Karaffe! – und Sie glauben nicht mehr an seine Entfaltung. Sie haben ihn schon abgeschrieben, geschwind ins Buch der überschätzten 1978er. Und dann plötzlich, beiläufig, während des Essens, beginnt sich der Wein auszudehnen, beginnt zu leuchten, beginnt das Gespräch mit Ihnen. Sofort wissen Sie wieder, daß eine Landschaft, daß Menschen, die derart schöne Weine hervorbringen, zu den einzigartigen Weingebieten der Welt gehören.

Die Landschaft, von der dieses Buch vor allem handelt, ist das stille Hügelland um Alba, die »Langhe«, im südlichen Piemont gelegen. Reben, Trüffel und Haselnüsse haben da den ihnen besonders zusagenden, fruchtbaren Boden. Es ist keine heitere, strahlende Gegend wie etwa die Toskana. Einsamkeit und Melancholie sind vielmehr die Stichworte, die zu ihr passen. Im Spätherbst, wenn der Nebel frühmorgens aus den Flußläufen die steilen Weinberge hochkriecht, die Gerüche von Erde, nassem Laub und Pilzen wie feuchte Tücher in der Luft hängen, oder im Winter, wenn die Hügelrücken wie von weißem Puder überzogen dalie-

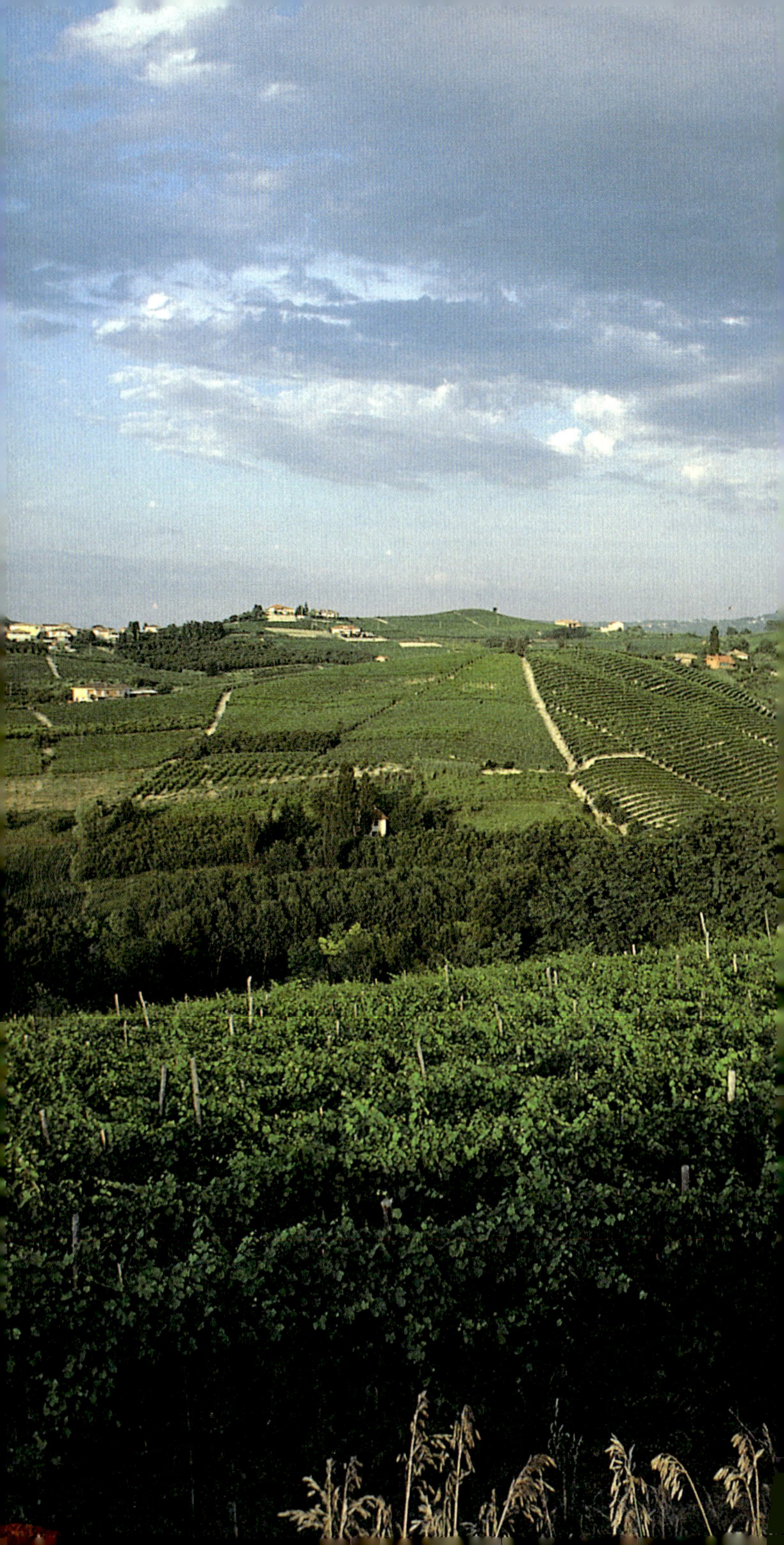

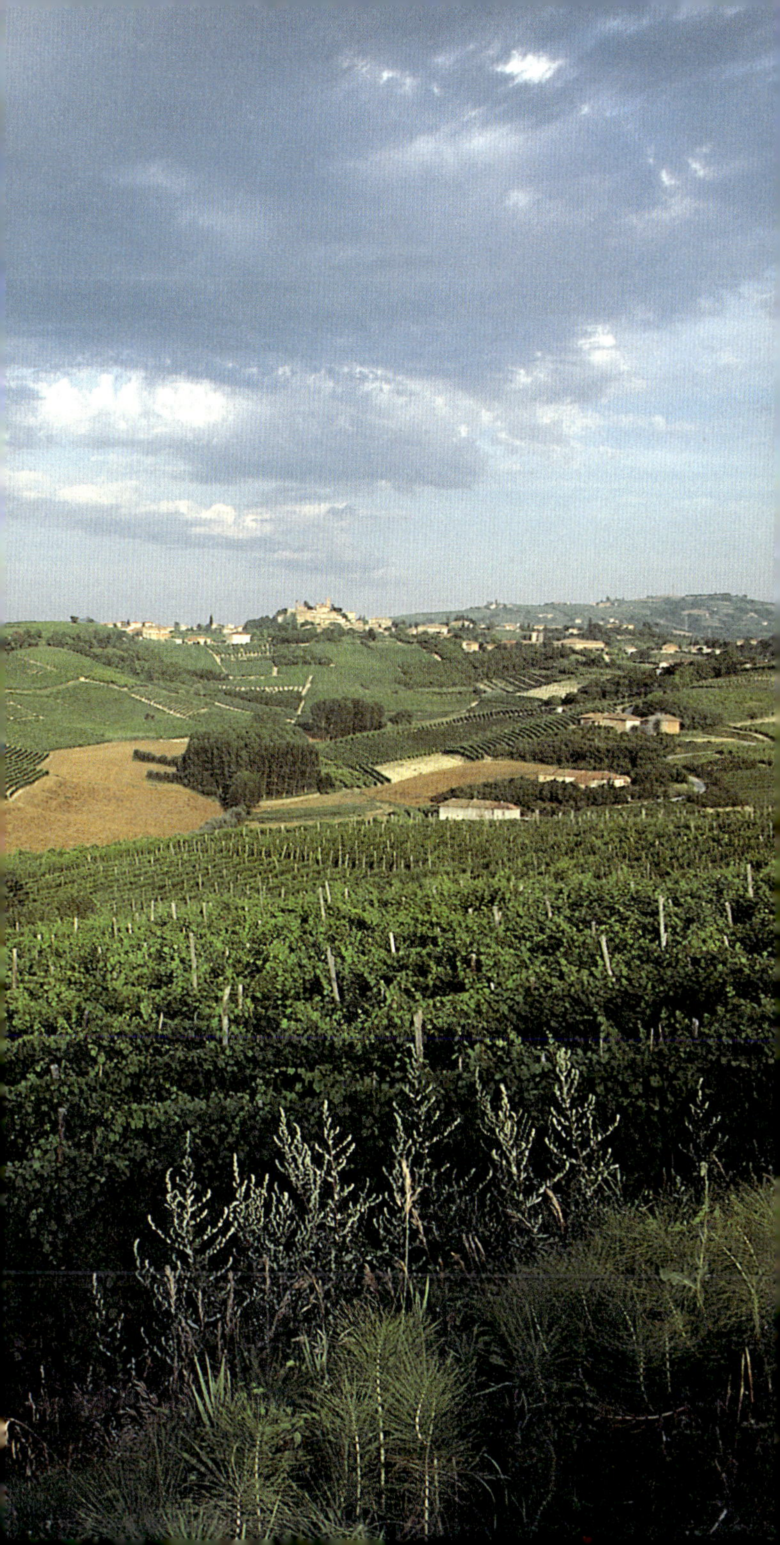

gen und sich im nachmittäglich-blassen Sonnenlicht rasch erkennen läßt, welche Reblagen besonders süße Trauben hervorbringen – diejenigen nämlich, in denen der Schnee am schnellsten wegschmilzt –, in diesen beiden Jahreszeiten also findet die Langhe ihren speziellen Ausdruck.

Den hat sie auch in ihren Weinen gespeichert, besonders im Barolo und Barbaresco. Ein Glas davon trinkend, meint man, sich die Langhe gleichsam einzuverleiben. Rund zehn Millionen Flaschen tragen in durchschnittlichen Jahren das Etikett Barolo oder Barbaresco. Ihnen wird hier der größte Platz eingeräumt. Daneben werden um Alba aber auch zahlreiche andere, alltäglichere, aber immer ungemein charakterstarke Weine erzeugt: Weiße wie Arneis, Moscato; Rote wie Dolcetto, Freisa, Grignolino, Barbera, Brachetto. Sie kommen – unterschiedlich lang – ebenfalls zur Sprache.

Wichtig sind mir aber die Menschen, die hinter den Weinen stehen. Ähnlich wie sich der Boden dem Gewächs mitteilt, drücken sich ihre ganz eigene Persönlichkeit, ihr Temperament, ihr Arbeitsethos darin aus. Es gibt charismatische Weine, wie es charismatische Menschen gibt. Und es gibt seelenlose Weine, wie es seelenlose Menschen gibt, Menschen ohne inneres Feuer und äußere Ausstrahlung. Derartige Überzeugungen leiten mich in meiner Tätigkeit als Weinjournalist. Die Freude, die ich empfinde, wenn sie sich wieder einmal bestätigen, halten mein Interesse über die rein technische Seite der Materie hinaus wach. Davon, hoffe ich, sollte auch in diesem Buch etwas zu spüren sein.

Abbildung Seite 14/15:
Sanft geschwungene Rebberge in der Barbaresco-Zone

Natürlich besteht Piemonteser Wein bei weitem nicht nur aus den langarolischen Gewächsen. Schließlich bringt die Region 41 DOC- und DOCG-Weine hervor und weist damit ein überdurchschnittliches Qualitätsniveau auf (im Durchschnitt sind 12 Prozent der Gesamtproduktion Italiens DOC-Weine, im Piemont sind es 67 Prozent). Nebst den Weinen aus der Langhe sind etwa der weiße Gavi oder der rote Gattinara von den Ausläufern der Alpen im Nordpiemont besonders wichtig. Sie kommen hier vielleicht zu kurz. Doch der zweite Teil des Buches weitet sich von einer Nahaufnahme, mit der Langhe im Visier, in eine Totale aus. Darin wird etwas vom Reichtum des übrigen Piemont angedeutet werden.

2. Die natürlichen Bedingungen

Piemont – die größte Region auf dem italienischen Festland – erstreckt sich vom Aostatal nach Ligurien. Wie der Name sagt, liegt es am Fuß der Berge. Es ist gar fast kreisförmig von Gebirgszügen umkränzt: Im Norden bilden die Schweizer Alpen mit dem weithin sichtbaren Monte Rosa den steinernen Riegel, im Westen schließen sich die Gran-Paradiso-Gruppe und die Cottischen Alpen an, und im Süden schirmen die ligurischen Seealpen gegen das Meer ab. Nur im Osten öffnet sich das Land zur Lombardei und zur fruchtbaren Poebene hin.

43 Prozent der Fläche des Piemont sind mit Bergen besetzt, 27 Prozent machen die Ebenen aus, und 30 schließlich beträgt das Hügelland. Hier ist der Qualitätsweinbau zu Hause. Im sanft gewellten, heiteren Monferrat etwa, südlich und östlich von Asti, wo schroffe Abhänge einzelne dramatische Akzente setzen. Im nördlich des Flußes Tanaro und westlich von Asti gelegenen Roero-Gebiet, dessen Landschaft mit kegelähnlich aufgeworfenen Erhebungen wie mit Punkten übersät ist. Oder in der stillen, kleingemusterten Landschaft der Langhe im Hinterland des Städtchens Alba, die mit ihren gleichsam ins Unendliche gestaffelten, dunstgesäumten Hügelrücken wie ein weich fließender Faltenwurf ruht.

Die Böden der Hügelzonen, in denen der Weinbau angesiedelt ist, bestehen hauptsächlich aus lehmgelbem Sand (Roero und Monferrat) oder in der Langhe aus bläulich-grauem Kalkmergel. Sie sind marinen Ursprungs. Vor zehn bis 15 Millionen Jahren, im erdgeschichtlichen Abschnitt des Tertiär, hat sich das Piemont aus dem Meer erhoben. Beweise dafür lassen sich heute noch vielerorts finden. So auch in Barbaresco, da nämlich, wo das Plateau des Dorfes jäh zum Tanaro hin abfällt und die Abbruchkante den von Muschelverwitterungen hellgefärbten Untergrund ans Tageslicht bringt.

Diese kargen Böden haben zwei Eigenschaften, die sie für die Bepflanzung mit Reben und die Gewinnnung eines außergewöhnlichen Weins prädestinieren: Sie sind arm an organischen Substanzen, und sie sind relativ wasserundurchlässig. Sie speichern den Regen nicht, sondern lassen ihn schnell ablaufen. Sie verwöhnen also die Rebe nicht, sondern lassen sie leiden – eine Schikane, die diese paradoxerweise mit besonders hochwertigen Trauben zu danken pflegt.

Zu den günstigen geologischen Bedingungen gesellen sich die folgenden klimatischen Voraussetzungen: viel Sonne und mäßig Niederschlag. Das Klima ist ein kontinentales: kalter, eher trockener Winter; kühler, recht nasser Frühling; warmer, sonnenreicher, trockener Sommer und Frühherbst; feuchter, nebliger Herbst. In dem für eine qualitativ gute Ernte wohl wichtigsten Monat September beträgt das Temperaturmittel 18,6 Grad Celsius. (Zum Vergleich: Im Bordelais, dessen Weinbaugebiete sich auf dem gleichen Breitengrad wie diejenigen der Langhe befinden, sind es 18,0 Grad Celsius.) Den Trauben wird damit genug Wärme geschenkt, um voll ausreifen zu können. Einzig der spätreifende Nebbiolo kollidiert manchmal mit der meist im Verlaufe des Oktobers einsetzenden Regenzeit. Das erklärt, warum längst nicht jedes Weinjahr ein guter Barolo- oder Barbaresco-Jahrgang ist, während beim früher reifenden Dolcetto etwa, aber auch beim Barbera die Güte die Jahre hindurch konstanter bleibt.

Selbstverständlich sind diese von der Natur geschaffenen Voraussetzungen nicht überall identisch. Skizzenartig wurde damit die Hintergrundtönung gebildet, auf der sich jede Sorte und jeder Wein mit eigenen, kräftigeren oder matteren, prägnanteren oder undeutlicheren Farben zum Ausdruck bringen. Mikroklimatische Unterschiede, um Nuancen abweichende Bodenzusammensetzung – wie im Piemont gang und gäbe – können jeweils zu anders strukturierten und duftenden Gewächsen führen. Das Piemont mit seiner Tradition der Reinsortigkeit, die auf die Zumischung einer anderen Rebsorte und damit auf eine Möglichkeit der Geschmacksbeeinflußung verzichtet, ist für derartige Subtilitäten besonders empfänglich. Vor allem beim Barolo wird davon noch eingehender die Rede sein.

3. Die Geschichte

Obwohl Italien schon von den Griechen Oinotria (Weinland) gerufen worden war, konnte sich auf der Halbinsel, im Gegensatz zu Frankreich, erst sehr spät so etwas wie ein Qualitätsweinbau etablieren. Reben wurden in Mischkulturen zusammen mit Obst, Getreide und Oliven angebaut. Ihrer Pflege schenkte man keine große Beachtung; die Trauben wuchsen ja gleichsam von selber, häufig gar die Bäume hoch, damit möglichst wenig vom anderweitig genutzten, fruchtbaren Boden verloren ging. Wein war bis mindestens in die sechziger Jahre dieses Säculums ein Nahrungs- und kein Genußmittel. Erst der wirtschaftliche Aufschwung der letzten zwei, drei Jahrzehnte bewirkte eine Mentalitätsänderung.

Der Weinbau besitzt in Italien also zweifellos eine lange Tradition, doch es ist keine glanzvolle Historie, die von Ruhm und Ehre handelt. Es ist vielmehr eine unspektakuläre Alltagsgeschichte, zu gewöhnlich, als daß sie der Niederschrift wert gewesen wäre. Gewiß vermutet man, die Griechen hätten die Rebe auf die Halbinsel und ins Piemont gebracht. Der im landwirtschaftlichen und Zusammenhang gern zitierte Plinius der Ältere (23-79 n.Chr.) weiß in seiner Naturalis Historia von einer Rebsorte namens »Allobrogica« zu berichten, die im Nordpiemont von den Allobrogern kultiviert worden sei. In deren Beschreibung – kälteresistent, spät reifend und von tiefdunkler Farbe – meinen heute spitzfindige Ampelographen gar, den Nebbiolo zu erkennen.

Ein anderes, mittelalterliches Dokument bringt mehr als ein Jahrtausend später wieder etwas Licht ins Dunkel der Geschichte. Es spricht vom Anbau eines »Nibiol« in Rivoli im Jahre 1268. Im 17. Jahrhundert schwärmt sodann Giovan Battista Croce, Hofjuwelier von König Carlo Emanuele von Savoyen I. am Turiner Hof, von einem rosaroten Chiaretto aus der Nebbiolo und bezeichnet die Sorte als Königin unter den roten Trauben. Und 1758 schließlich wurde in Alba ein Edikt verhängt, das die Einfuhr von gebietsfremden minderen Sorten und ihre Beimischung verbot.

All diese Zeugnisse belegen nichts mehr und nichts weniger als die Existenz einer Weinerzeugung im Piemont. Darüber hinaus weiß man eigentlich nicht mehr. Weder werden die Weine in ihrer geschmacklichen Eigenart exakt faßbar – anzunehmen ist, daß sie klebrigsüß waren –, noch wird ihre Bedeutung erkennbar. Doch verwunderlich ist das alles ja nicht, denn bei den schlechten, kaum existierenden Transportwegen fanden die Produkte selten einmal über die engsten Grenzen hinaus.

Konturen erlangte die Geschichte erst im Verlaufe des 19. Jahrhunderts. In den Schweinwerfer geriet dabei endgültig der Nebbiolo-Wein aus dem Hügelgebiet der Langhe – der »Barolo«, wie er sich als Markenname langsam herauszuschälen begann. Er wandelte sich vom süßen, unstabilen, plumpen Tropfen in den trockenen, robusten, säure- und tanninbetonten sowie reifebedürftigen Wein, wie er auch heute noch unsere Sinne erfreut. Die für uns befremdlich anmutende Süße von einst mag zweierlei Ursachen haben: zum einen mangelnde Kenntnisse des Vinifikations- und Gärprozeßes (die Fermentation der spät eingebrachten Nebbiolotrauben erstarb wohl in den winterlich kalten Kellern mit schöner Regelmäßigkeit und ließ Restzucker im Wein übrig). Zum andern war Süße wohl auch gesucht, denn der Nebbiolo gehört zu den tanninreichsten Sorten und präsentiert sich in seiner Jugend äußerst abweisend. Eine Lagerung, die ihn reifer und mürber hätte werden lassen, war nicht üblich. So griff man zum einzigen Mittel für frühe Trinkreife: ihn mit tanninmildernder Restsüße zu belassen.

Geburtshelfer des durchgegorenen, trockenen Barolo spielte der vom späteren Ministerpräsidenten Italiens, Camillo di Cavour, als Berater aus Reims geholte Louis Oudart. (Das Piemont hatte damals durch seine Zugehörigkeit zum Könighaus von Savoyen eine enge Beziehung zu Frankreich.) Er vermochte sich partout nicht mit den süßen Säften anzufreunden und erteilte den Angestellten auf Grinzano Cavour und später auch den Arbeitern der Marchesa Giulietta Colbert Falletti in Barolo offenbar wirkungsvoll Nachhilfeunterricht in Weinerzeugung, bevor er in den Kellern des Castello di Neive eigenen Barbaresco moderner Prägung in die Flaschen füllte.

Den nächsten Meilenstein auf dem Weg des langarolischen Weins ins (önologische) zwanzigste Jahrhundert setzte Graf Emanuele Guerriri di Mirafiori. Der außereheliche Sohn von König Vittorio Emanuele II und Rosa Vercellana gründete 1878 das Weingut Fontanafredda, legte im großen Stil Nebbiolo- und Moscato-Rebberge an und begann mit einer für die damalige Zeit neuartigen kellertechnischen Systematik in der Weinerzeugung. 1881 schließlich wurde die Weinbauschule Alba gegründet, deren Rat in den schweren Zeiten der Rebseuchen gefragt war (Oidium, Peronospera und Phyllloxera wüteten allerdings im monokulturarmen Piemont weit weniger schlimm als in Frankreich). Domizio Cavazza hieß der Direktor der Schule: ein überaus fähiger Mann, der 1894 in Barbaresco die erste Genossenschaft gründen sollte und neben Oudart den größten Einfluß auf die Erzeugung des Nebbiolo-Weins in diesem Gebiet ausübte.

Das zwanzigste Jahrhundert konnte auf dem nunmehr gelegten Fundament aufbauen: Der (trockene) Nebbiolo hatte sich als führende Sorte etabliert. Als zweite Traube folgte die Barbera, die sich in den Neupflanzungen nach den Rebplagen bewährt hatte. Die auch heute noch gültige Weinwirtschaftsstruktur mit den mächtigen, traubenkaufenden Weinhäusern begann sich zu bilden. Die Landflucht als Folge der Industrialisierung in den zwanziger Jahren (Turin, Mailand, Genua wurden zu Masseneinwanderungszentren) beschleunigte die Mechanisierung in den Weinbergen und im Keller.

Im Zweiten Weltkrieg tobten Partisanenkämpfe in den Rebbergen der Langhe. Der Markt für die teuren und gewichtigen Spitzenweine Barolo und Barbaresco brach zusammen und wurde wieder in den Stand der bloß lokalen Bedeutung zurückgestuft. Nach dem Krieg erfolgte ein zweite Welle der Auswanderung – diesmal in die ferneren USA. Der Handel erholte sich nur langsam von den Markteinbrüchen, was viele Winzer zur Selbsthilfe trieb und zur Gründung von Genossenschaften führte (1958 war Gründungsjahr der Terre di Barolo wie der Produttori del Barbaresco). Die anfänglich zögernd einsetzende wirtschaftliche Erholung mündete in den siebziger und achtziger Jahren in ein rasantes wirtschaftliches Wachstum und gab den innovativen Weinerzeugern der Langhe auch die finanziellen Mittel, ihre gestiegenen Qualitätsvorstellungen zu realisieren. Das Resultat ist bekannt: eine plötzlich eindrucksvolle Menge von guten bis herausragenden Weinen und ein neues Selbstbewußtsein, das – zumindest im Piemont – seine Kraft noch aus der Tradition schöpft. Wie sich die Rezession der beginnenden neunziger Jahre auf die Weinproduktion auswirkt, ob sie vielleicht eine wünschbare Konsolidierung – auch der Preise! – bewirken wird, bleibt abzuwarten. Die Zeichen weisen jedenfalls durchaus darauf hin.

4. Die wichtigsten Weine und ihre Rebsorte

Die mächtigen Weine der Langhe wirken ohne ein begleitendes Essen wie verwaist. Ihr Alkoholreichtum, die anspruchsvolle Säure- und Tanninstruktur, die Wucht ihres Auftritts verlangen kräftige Speisen, die ihnen Widerstand leisten. Erst in diesem genußvollen Zusammenprall offenbaren sie ihr enormes, ihr einzigartiges Potential. Im Piemont sind derlei Einsichten eine Binsenwahrheit. Die Weine werden da ausschließlich zum Essen getrunken. Das Zusammenspiel von Wein und Küche ist derart perfekt, daß auch die Umkehrung gilt: Ein Essen kommt erst zur Geltung, wenn die zahlreichen, hintereinander aufgetischten Speisen vom passenden Wein begleitet werden. Vier verschiedene Sorten sind es dann fast immer. Die primären – Dolcetto, Barbera, Nebbiolo (Barolo oder Barbaresco) und Moscato – bilden das Rückgrat eines klassischen Mahls. Diese Sorten bzw. Weine – im Piemont mit seiner Tradition der Reinsortigkeit heißen die Gewächse ja bis auf den Barolo und Barbaresco nach der Traube – sollen nachfolgend porträtiert werden. Sie treten in der Reihenfolge auf, wie sie bei Tisch kredenzt würden. Da wir uns nicht der Völlerei hingeben wollen – wenngleich die Gefahr dazu im Piemont durchaus bestünde –, erscheinen die Varianten und Alternativen von nicht minder bemerkenswerten Weinen gesondert im kürzer gefaßten ABC des 2. Teils.

Dolcetto

Das Bonmot ist alt, aber noch immer zutreffend: Der Dolcetto, sagt man, kreise den Piemontesern in der Blutbahn, so freudig sprächen sie ihm zu. Dolcetto ist im Piemont der Alltagswein schlechthin. Er wird getrunken wie Wasser, eröffnet fast jede Mahlzeit und begleitet sie auch bis zum Schluß, wenn einmal auf die für Touristen gewohnte Opulenz verzichtet wird.

Seine Beliebtheit liegt in seiner Zugänglichkeit begründet. Der Dolcetto ist der unkomplizierteste und verständlichste Wein des Piemont. Diese Freundlichkeit schenkt ihm aber – das Mißverständnis sei sofort ausgeräumt – mitnichten eine Süße, wie es der Name vermuten lassen könnte. Er ist im Gegenteil von angenehmer, bitter-herber Trockenheit. »Dolcetto« meint also nicht, daß er dolce sei. Zum Essen süß sind bloß die reifen Beeren im herbstlichen Rebberg, süßer als die Trauben anderer Sorten: Von da kommt in Wahrheit der Name.

Ihre Zugänglichkeit verdankt die Dolcetto-Traube der für heimatliche Verhältnisse tiefen Säure, welcher Umstand dem Wein verführerische Mundigkeit verleiht. Dazu kommen andere vorteilhafte Merkmale der Sorte wie frühe Reife (Mitte bis Ende September) und eine gewisse Anspruchslosigkeit im Anbau bezüglich Lage und Exposition. Darum genießt sie auch die Gunst der Winzer. Fast jeder Barolo- oder Barbaresco-Produzent hat in einer Ecke seines Besitzes einige Dolcetto-Stöcke stehen. Elio Altare pflanzt sie gar in windiger Nordlage – die windgeschützten Südosthänge braucht er für Nebbiolo und Barbera – und erzielt damit beste Resultate.

Der Wohlgelittenheit zum Trotz hat der Dolcetto seine Tücken: Die Vinifikation ist schwierig. Wer nicht von der Ernte weg peinlich auf Sauberkeit achtet, wer die Temperatur während der alkoholischen Gärung nicht im Griff hat (niedrige 20 bis 23 Grad Celsius haben sich besonders bewährt), wer den Jungwein zur Belüftung nicht regelmäßig von Tank zu Tank umzieht, wird umgehend mit einem unsauberen, »gekochten« Bouquet oder gar einem Böckser bestraft. Wie hinter einem Vorhang verbirgt sich dann die überwältigende dolcettotypische Kirschenfrucht. Der charakteristische Duft ist zwar wahrnehmbar, besitzt aber weder Reintönigkeit noch Transparenz. Müßte man von ihm als von einem Bild reden, so würde er an beschlagenes Fensterglas erinnern, das erst sauber gewischt werden muß, damit es klaren Durchblick gewährt.

Dieses Phänomen begegnet einem so häufig, daß sich viele Konsumenten und, in ihrer Kellerblindheit, noch mehr Winzer daran gewöhnt haben und es für eine spezifische Eigenart der Sorte halten. Man sollte vielleicht mehrmals intensiv an der herrlichen Frucht eines Dolcetto von Gastaldi, von Sandrone oder von Roberto Voerzio gerochen haben, um die vielen versehrten Weine erkennen zu können.

Das Piemont kennt sieben, von der DOC sanktionierte Anbaugebiete. (Die Namen finden sich im ABC.) Am populärsten ist heute die Zone des Dolcetto d'Alba. Zum einen, weil ihre Weine in der Regel am fruchtigsten und weichsten ausfallen. Zum andern auch, weil dort die größte Homogenität in der Qualität herrscht. Zu verwundern braucht das nicht: Schließlich bedeckt die Fläche das gesamte Anbaugebiet des Barolo und Barbaresco, und dort ist die Dichte von geschulten und gut ausgerüsteten Qualitätserzeugern höher als anderswo.

Gerade unter den Dolcetti d'Alba lassen sich heute zwei Stilrichtungen unterscheiden. Gemeinsam vorab ist beiden das sortentypische, enorm tiefe Purpurrot, das manchmal bis ins Violett oder gar Tintenfarbige zielt und auf den Reichtum an Farbpigmenten in der Dolcetto-Schale zurückzuführen ist. (Ihr Maß beträgt das Doppelte der Nebbiolo-Traube.) Der Unterschied betrifft Struktur und Gewicht: Die eine Richtung bevorzugt einen eleganten, fruchtbetonten, im Jahr nach der Ernte trinkreifen Wein. Beschwingt, leicht und süffig, spielt er den ganzen Charme des Dolcetto aus. Ihre Vertreter tragen Namen wie Clerico, Aldo Conterno, Giacosa, Grasso, Gresy, Fontanafredda, Prunotto, Sandrone usw., und sie machen die Mehrheit aus.

Die andere Richtung sucht einen wuchtigen, konzentrierten, stoffreichen Dolcetto, dessen Most eine gewisse Zeit an den Schalen vergoren wurde, den eine markante Tanninstruktur trägt und der ein paar Jahre der Reife gut verträgt oder gar braucht. Hier gehören Namen wie Giovanni Conterno, Fratelli Brovia, Mauro Mascarello dazu, während etwa Enrico Scavino, Altare und Roberto Voerzio aus verschiedenen Lagen je einen Dolcetto beider Stile erzeugen. (Voerzio beispielsweise den geschmeidigen Pria San Francesco Croera und den gewichtigeren Priavino.)

Paradoxerweise stammen die für meinen Geschmack schönsten Dolcetti nicht aus klimatischen Ausnahmejahren. Die Traube reichert sich in Spitzenjahrgängen wie 1989 oder 1990 derart mit Fruchtzucker an, daß der Wein zu breit und zu schwer wird und einem beim Essen schnell in Kopf und Glieder fährt, statt auf heitere Art zu beschwingen. Gerade die Exponenten der zweiten Richtung mutieren dann häufig zu imposanten Weinmonumenten, die zwar ehrfürchtig zu bestau-

Rechte Seite:
Das Aufbinden von Reben mit Weidengerten – eine Tradition

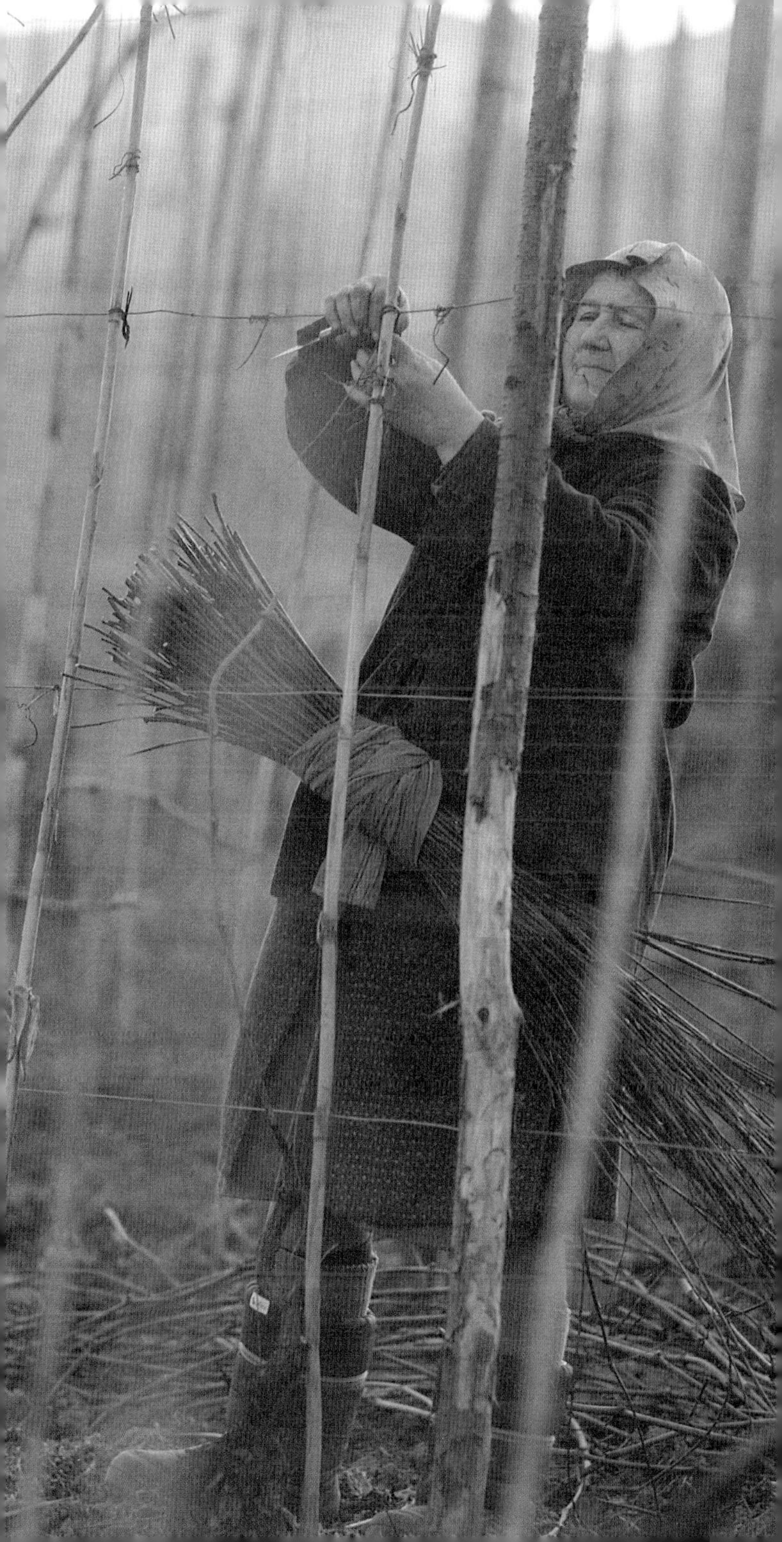

nen, aber kaum mehr in der gewohnten Weise zu trinken sind.

In qualitativ mittleren Jahren dagegen erreicht der Dolcetto selten mehr als 12,5 Volumenprozent Alkohol, was das ideale Maß darstellt und sein liebenswürdiges Wesen perfekt zur Geltung bringt. Nur so, stellt man sich vor, ist er dem piemontesischen Blut auch wirklich zuträglich.

Barbera

Der Barbera zieht sich zurzeit erfolgreich am eigenen Schopf aus einer selbstverschuldeten Misere. Noch in der Mitte der achtziger Jahre trug der Wein das Stigma des sauren Tropfens, gerade gut genug für kartenspielende Rentner in der Dorfosteria. Seine Erzeuger erzielten kaum kostendeckende Preise. 1986 erreichte der schlechte Ruf den Tiefpunkt: In Supermärkten wurde methylalkoholverseuchter »Barbera« verramscht. Es gab zwanzig Tote zu beklagen.

Der Schock war heilsam. Die Katastrophe markiert das Datum der Umkehr. Seither ist es wieder aufwärtsgegangen. Natürlich wurden nicht über Nacht aus schwarzen Schafen fromme Lämmer. Doch auch weniger bekannte Winzer – vor allem aus dem Gebiet um Asti, wo die Barbera die meistangebaute Sorte ist – begannen, ermutigt von guten Önologen und angestachelt vom Erfolg anderer, sich vermehrt auf die Qualität der Rebe zu besinnen. Heute ist der Barbera-Wein wieder in aller Leute Mund. Im zweifachen Sinn gar: Erstens wird ihm begeistert zugesprochen – auch in den besten Restaurants und von den verwöhntesten Gaumen –, weil eine dramatische Gütesteigerung eingetreten ist, so daß sich – zweitens – wieder positiv von ihm reden läßt. Die Produzenten wie die Vertreter der schreibenden Zunft, die dem Piemont in den vergangenen Jahren ihre Reverenz erwiesen haben wie kaum einem anderen Weingebiet, stimmen ihm zu Ehren wahre Lobeshymnen an.

Was ist passiert? Die Rebsorte wurde vermehrt auf Qualitätsproduktion getrimmt, Kelterung und Ausbau wurden sorgfältiger auf die barbera-spezifischen Bedürfnisse abgestimmt. »Selbstverschuldet« nannte ich eingangs die Misere des Barbera, weil es im Charakter der Traube angelegt ist, und weil die Mehrzahl der Winzer außerdem noch wakker Profit daraus geschlagen hat. Denn die Rebe ist von unbändiger Wuchs- und Ertragskraft. Während der Nebbiolo sich auch bei langem Anschnitt eine gewisse Selbstdisziplin auferlegt, neigt die Barbera im gleichen Fall zum Exzess. Sie besitzt zudem hohe Säure- und Zuckerwerte, einen von Natur aus niedrigen Tanningehalt und reift eher spät – anfangs bis Mitte Oktober, zwischen dem Dolcetto und dem Nebbiolo. Will man also keine dünnen, einseitig alkohol- und säurebetonten Weine, die in klimatisch minderen Jahren nicht einmal zur Reife gelangen, in die Flasche ziehen, gilt es, die Barbera in besten Hanglagen zu kultivieren (unten im Tal hat sie nichts verloren), ihre Wuchskraft zu zügeln und ihren Ertrag unter strenger Kontrolle zu halten.

Was die Vinifikation betrifft, so sollen die Trauben eine (mit Vorteil temperaturkontrollierte) Maischegärung durchlaufen – zehn Tage Mazeration erträgt ein gesundes, ausgereiftes Erntegut spielend –, und der nachfolgenden malolaktischen Fermentation muß Aufmerksamkeit geschenkt werden. Dabei wird bekanntlich die aggressive Apfelsäure in die mildere Milchsäure umgewandelt – beim Barbera mit seiner oftmals beißenden Säure ein Vor-

Abbildung Seite 32/33:
Rebberge im Barolo-Anbaugebiet mit Serralunga d'Alba im Hintergrund

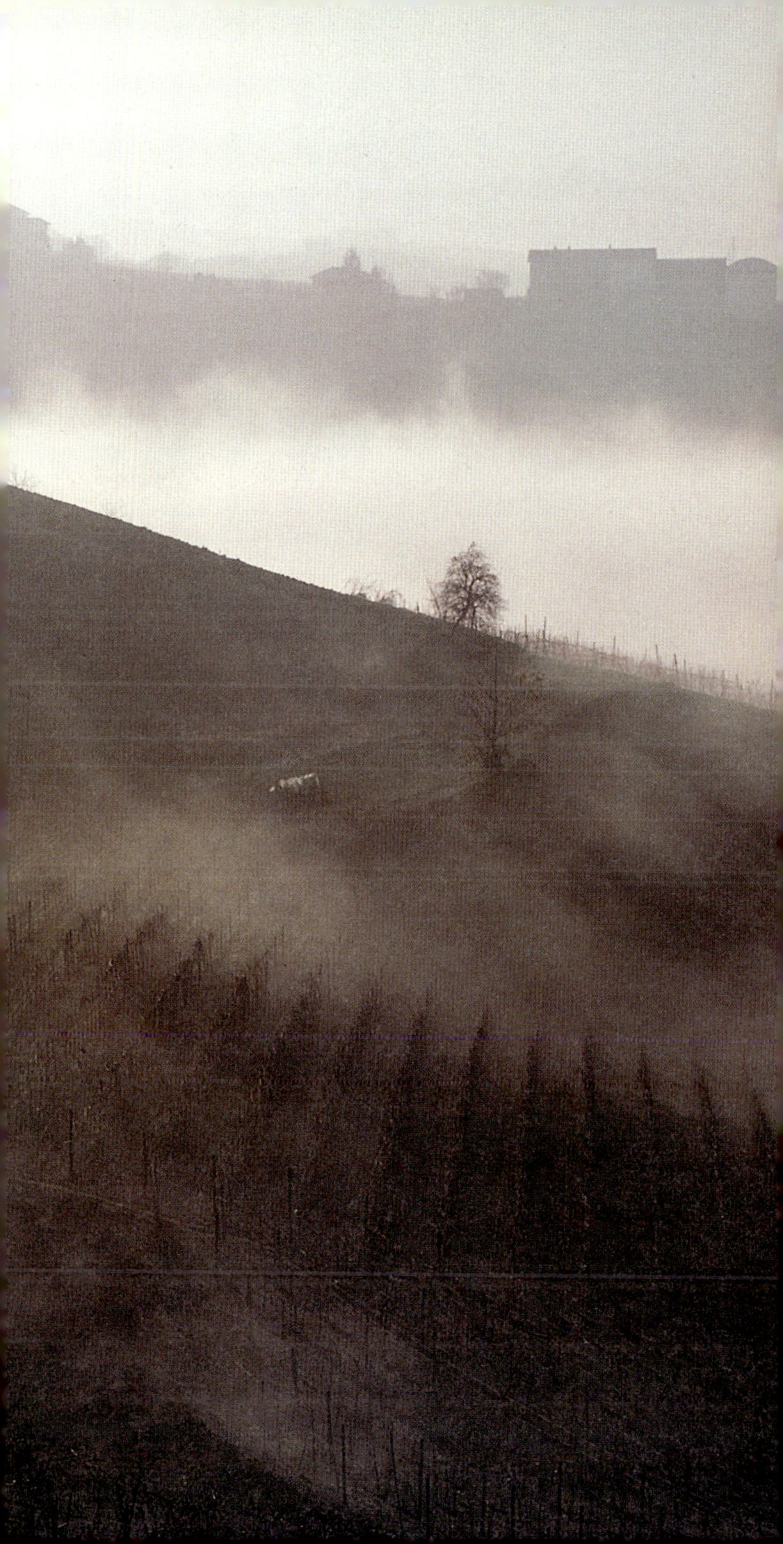

gang von größter Wichtigkeit. Über den anschließenden Ausbau streiten sich die Gemüter: Eine moderner denkende, mehr marktorientierte Richtung schwört auf die Barrique. Der von Natur aus gerbstoffarme Wein eigne sich ganz ausgezeichnet für die Anreicherung mit süßeren Eichen-Tanninen, das eher fruchtneutrale Bouquet werde mit zusätzlichen Würzaromen verbessert. Das ganze Gewächs werde fülliger, weicher, gewinne an Souplesse. Wer sich mehr der Tradition verpflichtet fühlt, lehnt den zweifellos etwas standardisierend wirkenden Barrique-Einsatz ab, vertraut auf die dezente Brombeerfrucht der Barbera und baut den Wein im großen Holzfaß aus. Ein Streit um des Kaisers Bart in vielem. Von beiden Lagern gibt es traumhafte und scheußliche Weine. Und beide stimmen schließlich dem Axiom jeder gelungenen Barbera-Erzeugung zu: gute Lage, niedriger Ertrag – basta!

Derartige Regeln leuchten nun allerding schnell ein, und doch richten sich längst nicht alle Traubenproduzenten danach. Noch immer bedeutet ihre Befolgung für eine große (immerhin rückläufige) Zahl, der Natur ins Handwerk zu pfuschen. Winzerschädel sind dick und sträuben sich eher gegen Mentalitätsänderungen, als daß sie sie willkommen heißen. Kommt dazu, daß die Barbera rund die Hälfte des ganzen Anbaugebiets des Piemont bedeckt. Im Astigiano und im Monferrat ist sie die Nummer Eins. Dort tut man sich besonders schwer mit dem Gedanken, freiwillig die Ernte zu beschränken, zu reduzieren also, was einem den Lebensunterhalt sichert. Doch die Zeichen stimmen auch da hoffnungsvoll.

Welches sind nun die für diesen Aufschwung verantwortlichen Namen? Zum einen die Erzeuger, die auch in stürmischen Zeiten immer an diese Sorte geglaubt, unverdrossen Qualitätsarbeit geleistet haben und jetzt dafür belohnt werden: Giovanni Conterno etwa, Prunotto, Vietti, Aldo Vajra aus dem Gebiet um Alba, Cascina Castlèt und Scarpa aus dem Astigiano. Sie alle sind Verfechter des klassischen, traditionellen Barbera, eines konzentrierten, mächtigen, säurefrischen Weins, in seiner Jugend häufig noch verschlossen, im Alter von jener geschmacklichen Annäherung an den Nebbiolo, eine Eigenart, die Einheimische »baroleggiato« nennen.

Zum andern sind da jene Winzer, deren weitläufiger Innovationsdrang sich auch auf die Arbeit mit der Barbera bezog, die Exponenten eines ersten Verbesserungsschubs, der zeitlich mit dem Niedergang der Sorte zusammenfiel: Giacomo Bologna, Aldo Conterno, Angelo Gaja. Dann die in ihren Fußstapfen, in unterschiedlichen Abständen allmählich folgenden, teilweise ganz unten im Tief beginnend, den Aufstieg begleitend und beeinflußend oder schon auf den fahrenden Zug aufspringend: Elio Altare, Coppo, Renato Corino, Matteo Correggia, Elio Grasso, Andrea Oberto, Marco Parusso, Luciano Sandrone, Enrico Scavino, Roberto Voerzio… Sie haben die neue Produktionsphilosophie – geringe Erträge, späte Lese (säuremildernd!), Bedeutung der malolaktischen Gärung, Barrique-Ausbau – definiert und in der Öffentlichkeit vertreten. In ihren Weinen vermischt sich auf teilweise hinreißende Art ein von Stoff- und Extraktreichtum förmlich explodierender, von einer süchtig machenden, saftigen Säure begleiteter Barbera mit den Vanille- und Röstaromen der Barrique. Alle Elemente begegnen sich gleichsam wattiert. Der Wein fühlt sich an wie Samt.

Die meisten dieser Spitzenproduzenten stammen aus der Langhe und erzeugen einen Barbera d'Alba. Das beweist einmal mehr, wie viel homogener dort das Güteniveau ist. Die Tatsache, daß die besten Lagen mit Nebbiolo bestockt sind, zeigt aber auch, daß in anderen Gebieten, wo sich die Barbera ihren Standplatz unbehindert von Konkurrenzsor-

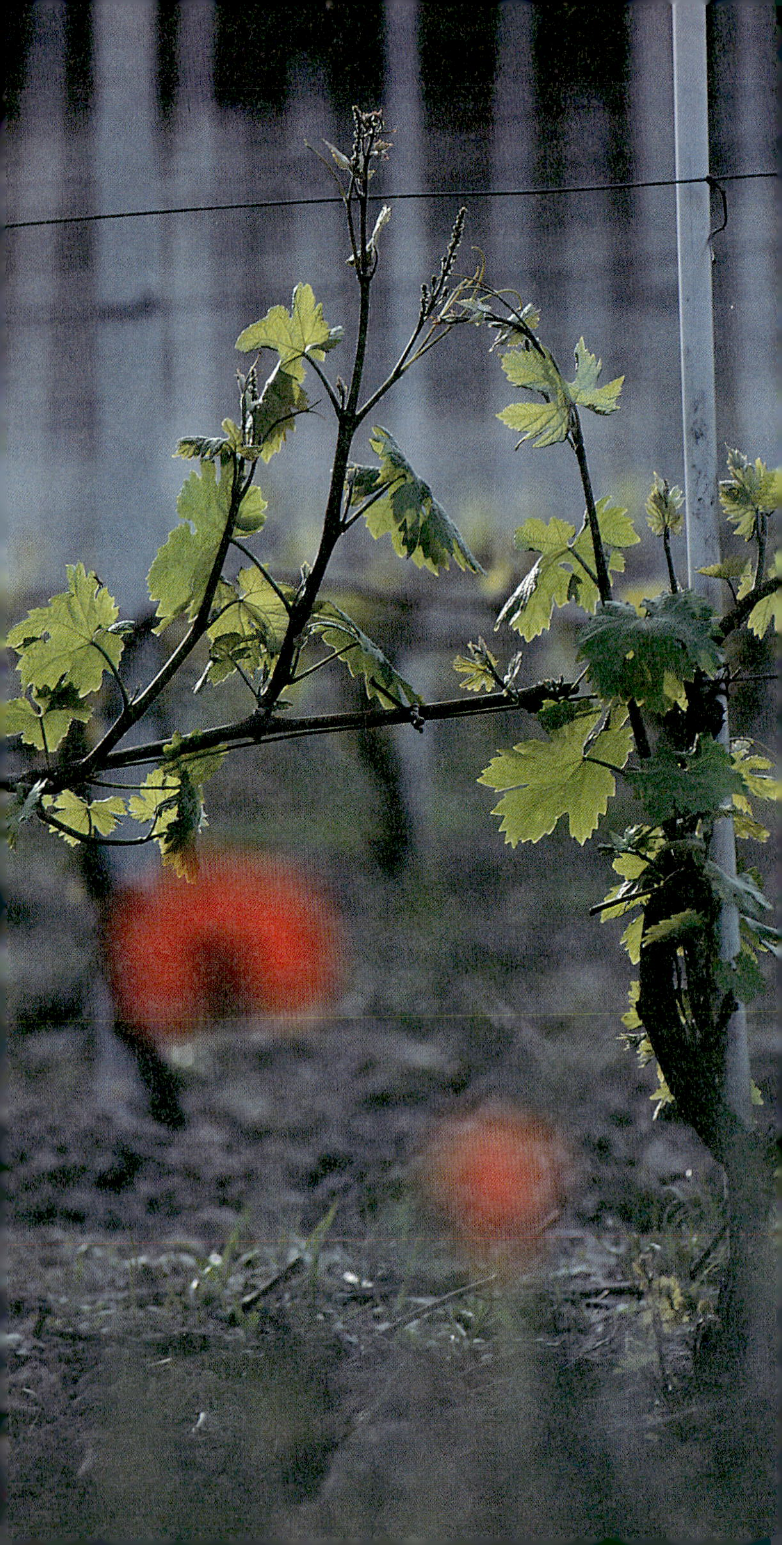

ten aussuchen kann, vielleicht noch schönere Resultate möglich sind. Im Asti-Gebiet bestünde diese Situation. Die schönsten Hügellagen gehören der Barbera. Zwar erreichen die Winzer des Astigiano und Monferrat noch nicht den hohen Qualitäts-Standard der Langhe. Doch sie holen auf, beraten von tadellos ausgebildeten Önologen. Schreitet dieser Prozeß erfolgreich weiter, dann darf sich der Barbera d'Asti angesichts seines großen Potentials mit Zuversicht wappnen. Nur eines sollte nicht vergessen werden: Der Markt für teuren barriquegereiften Barbera ist bald gesättigt. Im mittleren Preissegment klafft jedoch für italienische Weine eine Lücke. Hier wäre Platz für den sauberen, charakterstarken Barbera, hauptsächlich aus Asti – einen Wein mit reintöniger Frucht, mit kräftigem Körper und frischer Säure im Abgang.

Die Zukunft des Barbera scheint heute tatsächlich gesicherter als noch vor zehn Jahren. Liegt sie in der Tradition der Reinsortigkeit? Parallel zur eben skizzierten Entwicklung machen sich in jüngster Zeit mit nicht geringem Erfolg vermehrt sogenannte auf Verschnitt von verschiedenen Rebsorten basierende Autorenweine bemerkbar. Je nach Herkunft bestehen sie aus mehr oder weniger Barbera – gleichviel oder weniger, wenn sie aus dem Anbaugebiet Barolo/Barbaresco kommen; mehr, wenn sie in einem Gebiet, wo die Barbera die Hauptsorte ist, erzeugt wurden. Beispiele sind etwa Clericos Arte aus Monforte, der zum Nebbiolo hinzu zehn Prozent Barbera erhielt, oder der Pin aus dem Moscato-Gut La Spinetta (80 Prozent Barbera, 20 Prozent Nebbiolo). Andere Güter mischen den Barbera gar mit Cabernet Sauvignon oder Pinot noir.

Linke Seite:
Junge Barbera-Rebe im Frühling

So fabelhaft diese Weine im einzelnen sind, die Praxis ist in ihrer Gesamtheit doch fragwürdig: Die Barbera droht durch die Mischung ihr ohnehin etwas verwischtes Profil zu verlieren, und die neuen Weine leisten der »Vino-da-Tavolarisierung« Vorschub. Was sich in der Toskana mit ihrer anders gearteten Beschaffenheit der Weinwirtschaft bewährt hat, muß im kleinerstrukturierten, familiären, traditionsverhafteten Piemont nicht zwangsläufig von Gutem sein. Die stolzen Weine des Piemont bestehen aus einer einzigen Sorte. Darauf hat sich das Weingebiet sein immenses Renommee gebaut. Eine Änderung im großen Stil würde die Region in eine schlimme Identitätskrise stürzen. Doch so weit wird es wohl nicht kommen. Dafür bürgt glücklicherweise gerade seine Traditionstreue!

Barolo

Den Dolcetto liebt man im Piemont wie den Partner, die Freundin. An den Barbera glaubt man wie an seine Kinder. Dem Barolo aber ist man zugetan wie den eigenen Eltern, zur Liebe gesellt sich Respekt und Ehrfurcht.

Die etwas reservierte Zuneigung hat ihren Grund in der Eigenart des Weins. Die Piemonteser umschreiben sie mit »austero«. Das Wort läßt sich nicht präzis übersetzen, es meint Strenge, Ernst, Härte. Das klingt altmodisch. Und in der Tat paßt der Barolo mit seiner etwas sperrigen Art schlecht in eine Weinkonsumwelt, der der schnelle, flüchtige Genuß mehr gilt als ein Trinkvergnügen, das Geduld und eine gewisse Ernsthaftigkeit verlangt.

»Austero« bezeichnet des Barolos Kern und damit das Tannin. Verschlossen und streng ist er in seinem Innersten, und das verdankt er primär der besonderen Intensität und Qualität seines Gerbstoffs. Wenn sich dieses überwältigende, mundtrocknende Tannin harmonisch mit der Fruchtkonzentration im Wein, mit einer prägnanten, reifen Säure und einem angemessenen Alkoholgehalt vermählt, kann von einem großen Barolo die Rede sein. Einem einzigartigen Wein, der die typischen Aromen von Veilchen und verblühten Rosen, von Pfefferminz und Lakritz, von Teer und Trüffel, ja von Erde und feuchtem Laub in einen wunderbaren Geruchsstrauß eingebunden hat. Der im Mund wie ein reinigendes Gewitter wirkt, ungeahnte Kraft und Länge entwickelt und bis in ein Alter von zehn bis 15 Jahren immer komplexer, samtener und raffinierter wird.

Der Nebbiolo – einzigartig unter den Reben

Der Nebbiolo verhilft dem Barolo zu dieser außergewöhnlichen Tanninstruktur. Die Bezeichnung »Nebbiolo« kommt von »nebbia« (Nebel) und bezieht sich auf den Brauch, das Traubengut erst zu ernten, wenn die Herbstnebel vom Talgrund hochsteigen. Daß der Barolo nicht einfach nur »Nebbiolo« heißt – im Piemont nennen sich die meisten Weine nach ihrer Rebsorte –, erklärt sich mit seiner herausragenden Stellung. Gleich wie im Fall des verwandten Barbaresco bürgerte es sich nämlich vor mehr als hundert Jahren im Anbaugebiet des heutigen Barolo ein, den Nebbiolo-Wein nach dem Herkunftsort seiner bekanntesten Abfüller zu benennen (und das waren damals die Weine der in *Barolo* ansässigen Marchesi di Falletti).

Die Nebbiolo-Rebe besitzt die längste Vegetationsspanne aller Sorten des Piemont. Schon anfangs April treibt sie aus, von Mitte bis Ende Oktober wird sie gelesen, manchmal zieht sich die Ernte weit in den November hinein. Die späte Lese birgt ein nicht geringes Risiko. Denn über die Qualität der Trauben entscheidet der Witterungsverlauf der letzten Wochen vor der Ernte. Sind diese Wochen

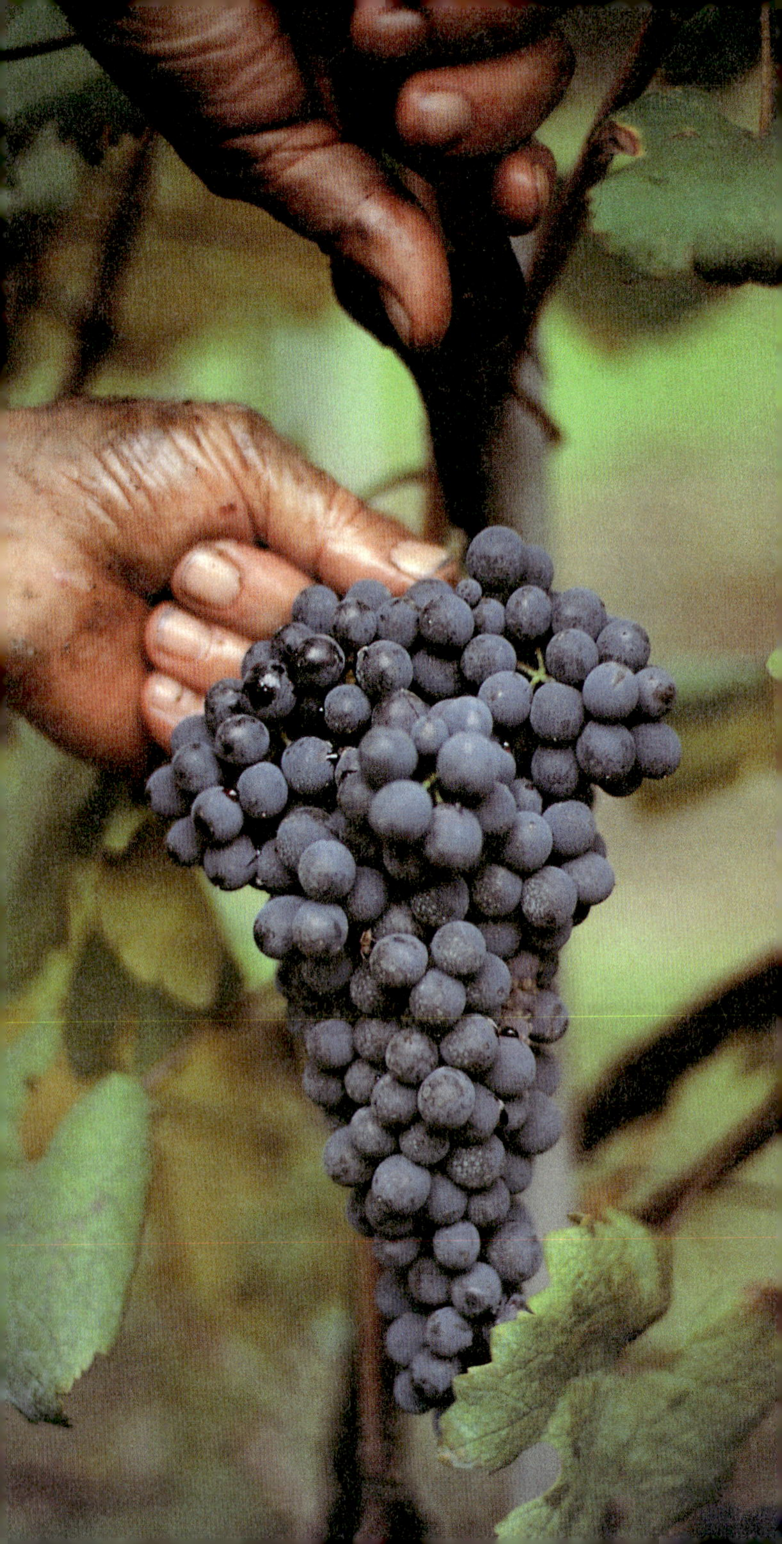

sonnig und trocken, steht ein außergewöhnliches Jahr ins Haus. Hat es aber schon zu regnen begonnen – und irgendwann einmal, häufig im Oktober, setzt in der Langhe nachhaltig die Regenzeit ein –, fällt der Jahrgang buchstäblich ins Wasser (zuletzt passiert 1991 und 1992!). Über ein Jahrzehnt besehen, rechnet der langarolische Winzer deshalb mit je zwei bis drei schlechten und sehr guten und vier bis sechs durchschnittlichen Jahren.

Im Gegensatz zum hohen Anspruch ans Klima stellt der Nebbiolo in der Kultivierung eher wenig Probleme. Er ist relativ resistent gegen Krankheiten, robust, wuchskräftig, berechenbar im Ertrag und kälteunempfindlich, was gestattet, ihn bis auf 450 Meter Höhe anzupflanzen. Er verlangt allerdings wasserdurchlässige, trockene, magere Böden – eine Eigenschaft, die zum Anbau auf den Hügelkuppen prädestiniert.

Die dickhäutigen Beeren des Nebbiolo sind klein und säurereich. Im Verhältnis zur Traubenschale enthalten sie wenig Flüßigkeit, was bei einer längeren Maischegärung zum typischen, gerbstoffbetonten Wein führt. Die Nebbiolo-Schale ist arm an Farbpigmenten. Ein Barolo kann deshalb – wie übrigens auch Gewächse aus dem Pinot noir oder der Sangiovese – nie ein besonders dunkler, seine Farbintensität über eine lange Reifeperiode hinweg bewahrender Wein sein. Von seinem Aussehen läßt sich schlecht auf die innere Komplexität schliessen. In einer Zeit der cabernetgeprägten Mode von purpurroten bis schwarzvioletten Weinen mag das ein Handicap darstellen.

Linke Seite:
Reife Nebbiolo-Traube bei der Weinlese

Der hohe Säure- und Tanningehalt des Nebbiolo muß nun freilich im Verlauf der Entwicklung und Reifung harmonisiert werden. Geschieht das nicht, so bleibt der Barolo sein Leben lang der schneidend-harte Kerl, der er in der Jugend war. Er würde höchstens noch spitzer und beißender und damit vollends ungenießbar. Voraussetzung für die Balance ist ein kräftig gebauter Körper. Nur so hat der Wein Zukunft. Den Körper schenkt ihm ein natürlich hoher Alkoholgehalt, diesen wiederum verdankt er einem adäquaten Mostzuckergewicht, wenn wir davon ausgehen, daß der Zuckersack in normalen Jahren im Keller nichts zu suchen hat. Die Traube muß also zum Zeitpunkt der Ernte einen entsprechenden Öchslegehalt aufweisen, und den erhält sie nur, wenn sie in guten Lagen angebaut wird.

Zur Meisterschaft bringt es der Nebbiolo in Süd-, Südwest- oder Südostlagen. Zweifellos am besten ist die reine Südexposition. Bezüglich der zwei anderen gehen die Meinungen auseinander: Während die Besitzer von südwestlich ausgerichteten Weinbergen die längere Sonneneinstrahlung unterstreichen, werben die Bewirtschafter von Südosthängen mit einer wirkungskräftigeren Zuckerassimilation in den Morgenstunden. Viele der schlechten Barolo-Weine sind deshalb so mies, weil ihre Trauben aus ungünstigen Lagen (oder zu hohem Ertrag) stammen. Sie besitzen zu wenig Gehalt, müssen mit Mostkonzentrat oder Trockenzucker (in Italien zwar verboten, insgeheim aber immer wieder verwendet) »aufgebessert« und mit anderen, besseren Jahrgängen verschnitten werden.

Nun entwickelt sich aber der Nebbiolo nicht einheitlich. Je nach Lage und Mikroklima bildet er eine besondere Eigenart heraus, die ihn von den übrigen Rebsorten unterscheidet. Vergleicht man etwa einen Barolo mit einem Wein aus dem Veltlin, wo der Nebbiolo »Chiavennasca« heißt, und einem

Gattinara aus dem Nordpiemont, so geben die drei Weine nicht auf den ersten Schluck zu erkennen, daß sie aus derselben Traubensorte gekeltert sind. Alle drei besitzen stolze Eigenständigkeit und sind deshalb auch nach ihrem Herkunftsort benannt.

In der Barolo- wie in der Barbaresco-Zone (die im nächsten Abschnitt gesondert zur Sprache kommt) neigt der Nebbiolo ferner dazu, Varianten (Klone) zu bilden. »Michet«, »Lampia« und »Rosé« heißen die drei wichtigsten in der Langhe wachsenden Spielarten des Nebbiolo; sie sind auch im DOCG-Statut festgeschrieben. Dem Michet sagt man zwar besondere Güte nach (kleine Beeren, kleiner Ertrag), und der Rosé wird etwas geringer geschätzt (ergibt leichtere, delikate Weine von hellerer Farbe), doch die Erscheinungsmerkmale dieser Varianten pflegen sich im Rebberg schnell zu vermischen, so daß kaum ein Winzer guten Gewissens die Zusammensetzung in seinem Barolo angeben kann. Entsprechende Deklarationen mögen im Einzelfall stimmen, sind aber im allgemeinen mit Vorsicht zu genießen.

Unterschiedliche Böden – feinere oder wuchtigere Weine

Wird ein Wein wegen seines unverwechselbaren »goût de terroir« (charakteristischer Geschmack, der seine Eigenart der Lage und dem Boden des Rebbergs verdankt) gepriesen, so ist manchmal Mißtrauen angezeigt. Oft erklärt man dadurch bloß die Not zur Tugend: Ein unsauberes Bouquet, ein Böckser oder ein Muffton verwandelt sich in etwas besonders Delikates, das nur schnöde Ignoranten nicht zu schätzen wissen.

Jeder Wein von einer gewissen Größe steht in einem unterschwelligen Wechselverhältnis zur Landschaft, in der er wächst, zu den Menschen, die da wohnen, zu ihrer Kultur und Geschichte.

Beim Barolo erscheint mir dieser komplexe Hintergrund außerordentlich stark mitzuwirken. Seine rustikale Art, die durch Nobilität und Würde veredelt wird, ist ein unverzerrtes Spiegelbild des Piemont. Schluck für Schluck trinkt man gleichsam die erdigen Hügel der Langhe, und das stolz-distanzierte wie herzhafte Wesen des Piemontesers ist im Wein gespeichert.

Mit der Bodenbeschaffenheit, auf die ja der Nebbiolo so überaus sensibel reagiert, hat es folgende Bewandtnis: Die Barolo-Hügel wurden vor 10, 15 Millionen Jahren vom Meer angeschwemmt. Blauer und weißer kalkhaltiger Mergel, der stark wasserdurchlässig ist, bildet die tragende Struktur. Deswegen, und weil im Gebiet die Felsen fehlen, ereignen sich häufig Erdrutsche.

Der Geologe Vignolo-Lutati hat bereits 1927 die Ergebnisse einer Bodenuntersuchung publiziert, die das Anbaugebiet des Barolo entlang der zwei Bäche Bussia und Talloria dell'Annunziata südlich und nördlich des Dorfes Barolo in zwei Untergebiete teilt. Deren je eigene chemische Bodenzusammensetzung beeinflußt auch die darauf wachsenden Weine: *Tortoniano* heißt die Gegend um Verduno, La Morra, Barolo und Novello. Ihr Boden ist gekennzeichnet durch den typischen, bläulichen Mergel und einen hohen Magnesium- und Mangangehalt. Ein Tortoniano-Barolo ist im allgemeinen fein und intensiv im Bouquet, mittelgewichtig, geschmeidig, elegant, und er reift etwas früher.

Elveziano nennt Lutati die weißlich-beige Bodenart rund um Castiglione Falletto, Seralunga und Monforte. Typisch sind hier Ablagerungen von Kalk- und Sandverbindungen und ein höherer Eisengehalt. Ein Barolo aus dieser Unterzone präsentiert sich in der Regel robuster, wuchtiger und alkoholhaltiger. Sein Reifeprozeß dauert länger; er ist vielleicht zunächst unnahbarer, beeindruckt dann aber durch seine Kraft und Finesse.

Siegeszug der Einzellagen – der Barolo wird zum Individualisten

Diese unterschiedliche chemische Bodenzusammensetzung drückt sich natürlich nur in einer organoleptisch überprüfbaren Geschmacksdifferenzierung aus, wenn die Einzellagen getrennt vinifiziert werden. Wie nirgendwo in Italien hat sich denn auch die Langhe zwischen 1970 und 1990 ein ausgeprägtes Lagenbewußtsein geschaffen.

Fast keine Barolo-Produzenten pflegen noch ausschließlich das traditionelle Prinzip der Assemblage, jenes Mischens von Trauben aus den verschiedenen Teilen des Anbaugebiets. Die Methode erlaubt in witterungsbedingt schlechten Jahren eher die Herstellung eines wenigstens akzeptablen Weins. Zudem glaubte man, durch den Ausgleich mikroklimatischer und geologischer Eigenschaften einen übergeordneten Barolo-Typus kreieren zu können.

Die große Mehrheit der führenden Erzeuger bietet zumindest den besten Wein als Lagen-Barolo an. Die Erkenntnis, daß die getrennte Vinifizierung und der separate Ausbau die Merkmale der einzelnen Zonen betont und damit auch geschmackliche Transparenz in die Barolo-Produktion bringt, hat sich durchgesetzt.

Überspitzt formuliert, könnte man sagen: Der Barolo hat sich von einem Generalisten in einen Individualisten gewandelt. Diese Entwicklung liegt in der Natur des Nebbiolo begründet, der eben mit jedem Terroir eine ganz eigene Ehe eingeht. Die Lagen-Vinifizierung verdeutlicht bloß diese Mariage.

Initiant und unermüdlicher Förderer des getrennten Ausbaus von Lagen war der 1988 verstorbene Renato Ratti. Schon 1965 kelterte er erstmals einen lagenreinen Barolo. Auch publizistisch machte er immer wieder, Lutatis Vorarbeiten aufnehmend und differenzierend, auf die unterschiedlichen Bodenarten aufmerksam. Er ermunterte durch die Betonung der Lagenvielfalt und der Charakteristik des einzelnen Cru die anderen Winzer, seinem Beispiel zu folgen.

Seine verdienstvollste publizistische Leistung war die Veröffentlichung zweier Lagenklassifikationen des Barolo- und Barbaresco-Gebiets. Neben den historischen Crus – Unterzonen, die schon immer bessere Trauben hervorbrachten als andere – berücksichtigte er darin besonders gute und darüber hinaus noch erstklassige Lagen. In Barbaresco schuf er die Kategorie der »menschlichen« Crus. Er meinte damit Lagen bzw. daraus stammende Weine wie etwa Gajas San Lorenzo oder Giacosas Santo Stefano, die ihre Exzellenz auch der Genialität ihrer Bewirtschafter verdanken.

In der Vereinigung »Arcigola-Slow Food« fand er gelehrige Schüler. Die in der Langhe beheimatete Gruppe von Freunden des authentischen Weins und der authentischen Küche baute auf Rattis Arbeit auf und veröffentlichte 1990 einen Atlas über das Anbaugebiet des Barolo. Den einzelnen Barolo-Gemeinden widmete sie darin Hefte, in denen – vor allem aufgrund von Befragungen alter ansässiger Winzer – die besten Lagen beschrieben und kartographisch erfaßt wurden.

Die Cru-Begeisterung droht mittlerweile gar zu überborden. Ein häufig gesehenes Phänomen in Italien: Eine gute, begründete Idee findet so viele Anhänger, daß ihre Verwirklichung außer Kontrolle gerät und in Beliebigkeit umzuschlagen droht. Selbst die größten Barolo-Produzenten – Fontanafredda und die Genossenschaft Terre del Barolo mit je rund einer Million Flaschen, Marchesi di Barolo mit 300000 bis 400000 Flaschen und Batasiolo mit rund 300000 Flaschen – erzeugen heute in guten Jahren mehrere Crus – da ist nichts dagegen einzuwenden. Sie sind zwar kommerziell nicht besonders interessant (höhere Produktionskosten, die gerade bei diesen großen Erzeugern nicht immer vollumfänglich durch Preiserhöhung kompensiert werden können, und kleine Quantitäten von 5000 bis 10000 Flaschen pro Cru), wirken aber durch ihre vergleichsweise hohe Qualität imagefördernd.

Auch daß jeder noch so kleine Erzeuger heute den (Dialekt-)Namen eines Rebbergs auf das Etikett setzt (jede Familie kennt ja besondere Bezeichnungen für die Landflecken, die sie bearbeitet), soll ihm nicht verargt werden. Nur: Wer kontrolliert, ob es sich dabei auch wirklich um eine überdurchschnittliche Lage handelt oder vielleicht gar nur um einen Phantasienamen? Wahrscheinlich tut eine Rückbesinnung auf die historischen Crus not, und eine verbindliche, vom Staat ausgeübte Kontrolle könnte Klärung schaffen. Beppe Cola von Prunotto, der neben Renato Ratti zu den einflußreichsten Wegbereitern gehört und schon 1961 die erste Lagenabfüllung aus Bussia vornahm, meint völlig richtig, daß das Recht, als Einzellage getrennt vinifiziert zu werden, nur ein Rebberg beanspruchen dürfe, der Weine von einer genau definierten, individuellen Persönlichkeit ergebe. Davon abgesehen würde man besser eine Assemblage von Trauben aus verschiedenen Gebieten vornehmen, um sicher zu gehen, daß man ein qualitativ beständiges Produkt erzielt.

Die Barolo-Dörfer, ihre Lagen, ihre unterschiedlichen Weine

Das knapp 1200 Hektar große Anbaugebiet des Barolo erstreckt sich ganz oder teilweise über die elf Gemeinden Barolo, Castiglione Falletto, Cherasco, Diano d'Alba, Grinzane Cavour, La Morra, Monforte d'Alba, Novello, Roddi, Serralunga d'Alba und Verduno. Rund 1000 Hektar entfallen auf die maßgeblichen Orte Barolo, Castiglione Falletto, La Morra, Monforte und Serralunga. Hier befinden sich die wichtigen Lagen, hier erzeugen auch die wichtigen Produzenten ihre Weine.

La Morra ist die größte Ortschaft. 375 Hektar beträgt die Anbaufläche. Fast gleichviele Landbesitzer teilen sich in sie. Einleuchtend, daß längst nicht alle die Trauben selbst vinifizieren, sondern sie der Genossenschaft abliefern oder den Weinhändlern verkaufen. Doch der Trend hat sich gewendet. Im Zuge einer dramatisch gesteigerten Sachkunde (vor allem im Keller), im Zuge der Cru-Mode und im Zuge auch der immer wieder fälligen Generationenablösung haben in den letzten Jahren viele kleine Winzer mit der Eigenkelterung begonnen. Für den Konsumenten ist das eine durchaus erfreuliche Sache: Es gibt ständig neue Entdeckungen zu machen. Für die Weinhändler hat die Entwicklung aber auch eine betrübliche Seite: Es gehen ihnen mehr und mehr gute Trauben verloren, und sie sehen sich gezwungen, selbst in Rebbergbesitz zu investieren. (Michele Chiarlo wäre nur ein Beispiel. Er hat sich in Teile der Lagen Cerequio und Brunate eingekauft. Franco Fiorina und Prunotto wären zwei andere, die in übrigen Teilen des Anbaugebiets fündig geworden sind.)

Die besten Lagen von La Morra liegen östlich (Rochette, Rocche, Arborina, Conca dell'Annunziata, Gattera und Monfalletto) und südlich (Fossati, La Serra, Cerequio und Brunate) der majestätisch auf der Kuppe thronenden Ortschaft. Die östlichen sind über viele kleine, sanft niederfallende Hügelrücken zerstreut; die südlichen, durch ein tiefes Tal getrennt, bedecken einen recht zusammenhängenden, Barolo zugeneigten Abhang. Die wichtigsten Produzenten aus dem Osten heißen: Abbazia dell'Annunziata, Accomasso, Altare, Bovio, Cordero di Montezemolo, Corino, Andrea Oberto, Rocche Costamagna und Settimo. Im Süden finden sich unter anderen Ceretto, Chiarlo, Marcarini, Marchesi di Barolo, Marengo Marenda, Oddero,

Vietti, Gianni Voerzio, Roberto Voerzio. Obwohl sich die Weine selbstverständlich je nach Lage innerhalb von La Morra mehr oder weniger unterscheiden, bieten sie gegen außen aufgrund ihres ähnlichen Bodens ein ziemlich geschlossenes Bild: aromatisch, duftig, elegant, ausgewogen, von mittlerem Körper und schnellerer Reifeentwicklung. Natürlich besitzen auch sie die charakteristischen Merkmale eines typischen Barolo wie relativ hoher Alkoholgehalt, markante Säure, kräftige, trockene Tanninstruktur und Nachhaltigkeit im Abgang, doch sie zielen in eine mehr feminine Richtung.

Der *Barolo* aus dem gleichnamigen Dorf Barolo (Anbaufläche knapp 150 Hektar) bildet mit seiner geschmacklichen Ausprägung gleichsam das Bindeglied zwischen La Morra und den drei anderen westlichen Gemeinden. Der Tortoniano-Boden geht innerhalb der Dorfgrenzen in den Elveziano über. Die beiden Bodenarten vermischen sich. Zur Eleganz von La Morra kommt die Wucht von Monforte. Barolo-Barolo gilt deshalb bei vielen Kennern des Anbaugebiets als der Wein-Archetyp schlechthin. Er vereinige in sich Kraft und Finesse, Feinheit und Tiefe. Das mag sein, doch derart vortreffliche Exemplare stellen eine Rarität dar. Ein Wein von Bartolo Mascarello gehört in einem gelungenen Jahrgang wie etwa 1985 zweifellos dazu, auch einzelne Crus des Lokalmatadors Marchesi di Barolo und natürlich der superbe Wein von Luciano Sandrone.

Letzterer wächst in Barolos berühmtester Lage, in Cannubi. Sie erstreckt sich wie eine lange Zunge, eingerahmt von den beiden ins Dorf führenden Autostraßen, auf einem Hügelrücken von Südwesten nach Nordosten und ist in die Subzonen Cannubi Muscatel, Cannubi Valletta, Cannubi San Lorenzo, Cannubi (dem eigentlichen Herzstück) und Monghisolfo oder Cannubi Boschis unterteilt. Da sie möglicherweise den historischen Kern des Barolo überhaupt darstellt, besitzt sie hohen Prestigewert, und glücklich ist, wer darin ein paar Rebzeilen besitzt (muß er sie auch noch so teuer erstehen wie etwa das Spumante-Haus Gancia, das 1989 um eine Million Franken für 2,59 Hektar Cannubi-Land hinblätterte). Mit dem Cannubi geht es mir wie mit dem ganzen Barolo-Barolo. Viele ausdrucksstarke Weine habe ich bis jetzt nicht kennengelernt. Häufig begegnet er mir etwas spröd und vom Tannin gezehrt.

Weitere gute Lagen liegen vor allem gegen La Morra hin: Brunate und Cerequio, die die Gemeindegrenzen überschreiten, und Sarmassa, wo vor allem Marchesi di Barolo einen herausragenden Cru herausbringt. Neben den bereits erwähnten Produzenten erzeugen Barale, Prunotto, die beiden Rinaldi, Scavino (Cannubi) und Aldo Vajra guten Barolo.

Wollte man die Weine der führenden Barolo-Dörfer mit denjenigen der berühmten Gemeinden des Médoc vergleichen, so wäre La Morra etwa Margaux, Barolo St-Julien, und *Castiglione Falletto* (zusammen mit Monforte) Pauillac (Serralunga schließlich würde St-Estèphe zugeschlagen). Frucht und Tannin verbinden sich in einem außerordentlichen Barolo aus Castiglione Falletto zur Quintessenz dieses Weins, hinzu fügt sich bemerkenswerte Tiefe. Das Barolo-Dorf besitzt mit hundert Hektar die kleinste Anbaufläche der großen Fünf. Es beherbergt einige der besten Weingüter von mittlerer Größe wie Cavalotto, Bricco Rocche (Ceretto), Paolo Scavino (unten im Tal, das das Dorf von La Morra trennt) und Vietti, der seinen Keller unterhalb der alten Schloßmauer hat. Die besten Lagen befinden sich auf gleichsam sternförmig vom Dorf auslaufenden Hügelrücken mit zumeist südwestlicher Ausrichtung: Boschis, Monprivato, Fiasco, Villero (mit der Unterzone Enrico VI von Cordero di Montezemolo). Süd/südöstlich neigt sich schließlich auf die andere, dorfabgewandte Seite hin der ebenfalls hervorragende Rebhang Rocche, dessen Hügelkuppe Bricco Rocche (von den Einheimischen auch Serra genannt) einen atemberaubenden Rundblick über das gesamte Gebiet des Barolo gewährt. Neben Cerettos teurem Bricco Rocche sind vor allem die würzig-kräftigen Rocche von Bruno Giacosa und Vietti zu nennen. Monprivato gehört fast auschließlich Mauro Mascarello, der mit Giacosa, Montezemolo und Vietti auch Villero erzeugt. Auf Fiasco schließlich haben die Scavino-Cousins (Azelia und Paolo Scavino) praktisch das Monopol.

Während der Barolo aus Castiglione Falletto im Bouquet häufig an seinem Lakritzeduft zu erkennen ist, verströmt ein *Monforte* ein deutliches Teerraroma, den sogenannten »goût de goudron«. Dazu besitzt er einen kompakten, muskulösen Körper, viel Fruchtkonzentration und beachtliche Langlebigkeit. Noch in den siebziger Jahren waren die beiden Brüder Aldo und Giovanni Conterno die beiden einzigen bedeutenden Erzeuger in Monforte. Die meisten Winzer verkauften ihre Trauben oder Weine an die Händler des Gebiets. Viele der guten Lagen wie etwa Santo Stefano oder Gramolere traten deshalb gar nie groß in Erscheinung. Monforte hat aus diesem Grund sein Potential wohl bei weitem noch nicht beweisen können.

Vielleicht hängt dieser Befund auch mit der Beliebtheit von Barbera und Dolcetto in Monforte zusammen. Der Nebbiolo hatte sich mit diesen Sorten stärker als anderswo in die – zweitgrößte – Anbaufläche von knapp 200 Hektar zu teilen. In jüngster Zeit haben sich allerdings vermehrt neue, junge Winzer bemerkbar gemacht. Sie pflanzen in besten Expositionen Nebbiolo. Sie können es sich auch leisten, befreiter vom Traditionsballast als etwa ihre Kollegen in Barolo aufzutreten. Namen wie Clerico, Conterno-Fantino, Fenocchio, Grasso,

Manzone, Parusso, Saffirio, Seghesio usw. klingen heute schon hervorragend oder werden sich rasch einem breiteren Weinpublikum bekannt machen.

Monfortes Spitzenlagen befinden sich alle im nördlichen Teil des Dorfes (der südliche liegt außerhalb des Anbaugebiets). Sie schmiegen sich über die zwei Seiten eines zusammenhängenden Hügelkomplexes. Berühmt ist im Osten Bussia Soprana mit den Unterzonen Bricotto, Ciabot, Cicala, Colonello, Mondoca und Romirasco. Aldo Conterno und Prunotto haben die Klasse der Lage schon viele Male unter Beweis gestellt. Im Westen wetteifern noch Ginestra, Gavarini und Grassi um die Krone.

In *Serralunga* – so sagt man – wüchsen die mächtigsten, reifebedürftigsten, aber auch furchterregendsten Weine der Zone. Kein anderer Barolo besitzt dieselbe anspruchsvolle Tannin- und Säurestruktur – nicht einmal einer aus Monforte, der Serralunga am nächsten käme. Die Aussage ist in dieser Verallgemeinerung wohl nicht falsch. Sie begründet sich durch die spezifische Bodenbeschaffenheit des elvezianischen Typus mit seinem eisenhaltigen, sanddurchsetzten Verwitterungsgestein und durch die durchschnittlich vielleicht etwas höhere Lage seiner Rebberge.

Dieser Charakter läßt sich aber eigentlich nur anhand relativ weniger Crus verifizieren. Denn obwohl das schmale, von Norden nach Süden entlang der östlichen Anbaugrenze führende Gebiet von 190 Hektar Größe viele ausgezeichnete, hintereinander gestaffelte Süd- und Südwesthänge besitzt, hat die Einzellagen-Vinifizierung in Serralunga nie besonders große Wellen geworfen. (Man denke nur an das Prestige, das in Barolo etwa die Lage Cannubi besitzt.) Die meisten Trauben und Weine verstärkten von jeher die schwächeren, dafür vielleicht ausgewogeneren Gewächse der Zone. Einzig das in Serralunga beheimatete Weingut Fontanafredda mit seinen in außerordentlichen Jahren erzeugten sieben Crus, dessen typischster wohl der Lazzarito ist, und vor allem Bruno Giacosas Vigna Rionda stifteten ein berechtigtes Renommee.

Inzwischen haben aber auch andere reputierte, auswärtige Produzenten von sich reden gemacht: Pio Cesare etwa mit einem barriquegereiften Barolo aus dem Rebberg Ornato, Giovanni Conterno mit den ausladenden, robusten, aber immer komplexen Baroli aus der Lage Francia (Vigna Francia und seit 1982 auch Monfortino); Bruno Giacosa mit einer Abfüllung aus Falletto, dem einzigen Weinberg in seinem Besitz; Batasiolo mit Boscareto und Briccolina. Und Angelo Gaja schließlich mit dem Barolo Sperrs aus der 1988 erworbenen Spitzenlage Marenca e Rivette, dem Wein, auf den alle warten, und der 1993 gleich zweifach – als 1988er und 1989er – freigegeben wird!

1993 und 1994 werden also verschiedene hervorragende Jahrgänge aus erstklassigen Lagen von erstklassigen Produzenten verfügbar sein. Es wird sich leicht nachprüfen lassen, ob das Bild vom harten, monumentalen Serralunga-Barolo noch der Wirklichkeit entspricht, oder ob inzwischen vielleicht auch eine etwas aufgeklärtere Keltertechnik den Wein zugänglicher gemacht hat (und damit das Bild als Zerrbild entlarvt.)

Große Spannbreite in der Vinifikation

Die Verwandlung der Nebbiolo-Traube in einen Barolo geschieht während der Vinifikation und des darauffolgenden Ausbaus in großen und kleinen Fässern und in der Flasche. Der Diskurs über die Vinifikations-Methoden wurde in den achtziger Jahren erbittert geführt. Es bildeten sich Gruppen, die sich gegenseitig Traditionalisten und Modernisten schimpften, wobei sich die Begriffe zunehmend verwischten. Heute scheint sich der Streit etwas gelegt zu haben. Die Einsicht hat sich wohl durchgesetzt, daß gerade die Exponenten beider Schulen die Verbesserung des Barolo bezweckten. Bei den Anführrern derartiger Kampagnen mag es sich ja um dogmatisch angehauchte Figuren handeln, doch nie sind sie der Sache gegenüber gleichgültig. Zudem ist der dickköpfige, eigensinnige Bewohner der Langhe in der Regel auch in seiner weltoffenen Ausprägung keiner, der Traditionen unbesehen über Bord werfen würde. Er weiß um die Einzigartigkeit des Barolo (und des Barbaresco, denn was hier gesagt wird, gilt immer auch für diesen zweiten großen Nebbiolo-Wein) und ist der erste, der gegen außen dessen sperrigen Charakter verteidigt. Wenn ich in diesem Buch dennoch hie und da die Begriffe »Tradition/Traditionalist« – »Moderne/Modernist« verwende, meine ich das nie polemisch. Ich tue das nur dann, wenn die Bedeutung sich aus dem Zusammenhang erklärt und mir einen gewissen Erkenntnisgewinn verspricht.

Man unterscheidet heute drei sich zeitlich überlappende Perioden in der Barolo-Vinifikation. Anfänglich hat man die Trauben mit bloßen Füßen zerquetscht, in offenen Standen vergoren und den Tresterhut immer wieder von Hand hinuntergestoßen. Da auch Stiele und Kämme mitfermentiert wurden und die Gärmethode ohnehin rasch viel Tannin auslöste, preßte man den Jungwein schon nach zwei Wochen ab und baute ihn nachher relativ kurze zwölf Monate in Kastanien- oder Eichenholzfässern aus, bevor er in die Damigiane-Glasballons abgefüllt und verkauft wurde. Ein Barolo dieser Machart präsentierte sich wahrscheinlich weicher und schneller genußreif als einer aus der nachfolgend skizzierten Periode. Seine Herstellung barg aber die Risiken einer frühzeitigen Oxydation, von flüchtiger Säure bis hin zum Essigstich und von geringer Haltbarkeit.

Das führte in den späten dreißiger Jahren allmählich zu einem veränderten Verfahren. Die Trauben wurden nun entrappt, gemahlen und dreißig bis sechzig Tage bei ständig mit einem Holzsieb tiefgehaltenen Tresterhut (Cappello sommerso) in einem geschlossenen Holzfaß vergoren. Danach mußte der tannin- und extraktreiche Saft zur Reifung für vier bis acht Jahre ins große Holzfaß von zirka dreißig Hektoliter Inhalt, verfeinerte sich anschließend in den Damigiane und kam erst spät in die Flasche. Das System hatte den Vorteil, daß der Tresterhut kaum mit Sauerstoff in Berührung kam und die Gefahr von Oxydation und Essigstich verringert werden konnte. Sein Nachteil war die lange Mazerationszeit, die bei dieser wenig effektiven Methode der Farb- und Tanninextraktion nötig war, um genügend Substanz in den Wein zu bringen. Sie führte anfänglich zu exzessiv tanninbitteren Weinen, die zur Harmonisierung den langen oxydativen Ausbau brauchten. Nur hatte der Wein bei seiner Flaschenabfüllung häufig schon seine Frische verloren und war welk geworden.

Dieser wunde Punkt begünstigte eine weitere Methode. Maischegärung und Mazeration werden wieder auf zehn bis 15 Tage reduziert. Die Fermentation findet im geschlossenen Stahltank statt, wobei zwei bis vier Mal am Tag der gärende Most über den Tresterhut gepumpt wird. Das Auslaugen von Farbe, Tannin und Extraktstoffen aus den Beerenhäuten geht dabei rascher und wirkungskräftiger vor sich. Nach dem Abpressen klärt sich der Jungwein im Tank und reift anschließend für ein bis zwei Jahre in kleineren, sieben bis 15 Hektoliter Inhalt fassenden Eichenfässern. Relativ früh wird er auf die Flasche gezogen, wo er sich weiter (reduktiv) verfeinert. Die Verfechter dieses dritten Verfahrens – einer seiner Begründer war Renato Ratti, aber auch Paolo Cordero di Montezemolo zählte dazu – erhofften sich davon mehr Fruchtfrische, weichere Tannine und frühere Trinkbarkeit.

Soweit die schematische Darstellung der drei Baroloschulen. Die erste ist heute ausgestorben; der legendäre Luigi Pira soll ihr letzter bekannter Vertreter gewesen sein. Die zweite wird gemeinhin als die traditionelle Methode, mit Giovanni Conterno und Bruno Giacosa als ihren Gralshütern, betrachtet. Die dritte heißt die moderne; viele der in den achtziger Jahren kometenhaft aufgestiegenen jungen Winzer wie Altare, Sandrone, Voerzio werden ihr zugerechnet.

Doch so wunderbar geradlinig geht das nicht auf. Ein Barolo verdankt seine Größe noch vielen anderen Elementen, die nicht mehr einfach einer Seite zugeschlagen werden können, sondern die alle Produzenten angehen, ob sie jetzt einen traditionelleren oder einen moderneren Wein im Sinn haben.

Erstens: Auch der Barolo wird primär im Rebberg gemacht, aus gesundem, substanzreichem Traubengut, das im optimalen Reifezeitpunkt geerntet wird. Voraussetzungen dazu sind eine möglichst naturnahe Bewirtschaftung und ein geringer Ertrag.

Zweitens: Wichtiger als die Dauer der Mazerationszeit während der Gärung ist deren Temperaturkontrolle. In kalten Tagen kann durch Erwärmung die Arbeit der Hefe in Gang gebracht werden, in heißen Zeiten wird ihr allzu stürmisches Wirken gebremst, und eventuell damit verbundene Risiken (flüchtige Säure, gekochte Aromen) werden vermieden. Als ideale Temperatur haben sich 26 bis 30 Grad Celsius für den Barolo erwiesen.

Drittens: Die malolaktische Gärung (Umwandlung der aggressiven Apfelsäure in die mildere Milchsäure) ist für den Barolo (wie auch für die anderen langarolischen Rotweine) ein Muß. Sie hat kontrolliert zu verlaufen, am besten gleich anschließend an die alkoholische Gärung. Sie bringt mehr Souplessse, weichere Textur, mehr Betonung auf die sekundären Fruchtaromen und reduziert die »ätzende« Nebbiolo-Säure fast um die Hälfte.

Diese drei Prämissen hat zu erfüllen, wer einen reintönigen, komplexen, haltbaren Wein erzeugen will. Selbst ausgefuchste Traditionalisten halten sich daran. Den Wendepunkt markierte der Jahrgang 1985, als erstmals ein perfektes Traubengut auf zeitgemäß ausgerüstete Keller und besser ausgebildete Kellermeister traf und aus der glücklichen Begegnung ein substantieller Wein von großer Harmonie entstand.

Als einziger ernstzunehmender Streitpunkt in dem wenig fruchtbaren Disput um Tradition und Moderne bleibt das Problem der Barrique übrig. Die Barrique poliert die harten Nebbiolo-Tannine, macht den Wein weicher und für einen früheren Trinkgenuß zugänglicher. Sie versieht den Barolo mit zusätzlichen, süß-aromatischen Eichenholz-Tanninen, die dann zwar mit den Gerbstoffen der Traube eine durchaus glückliche Verbindung eingehen können, Aroma und Geschmack aber dennoch beeinflußen. (Für den Traditionalisten weist ein Barolo mit einem Holzton einen Makel auf.) Der springende Punkt scheint mir das Maß zu sein. Falls es denn schon sein muß, den prächtigen Nebbiolo mit Eichenaromen zu würzen, dann bitte subtil und behutsam. Angelo Gaja und Roberto Voerzio etwa haben den Trapezakt vorgeführt. So ist es nun möglich geworden, dem Barolo und Barbaresco eine neue Konsumentenschicht zuzuführen: Leute, die der klassische Nebbiolo-Wein bisher abgeschreckt hat.

Mir persönlich lieber ist allerdings ein ungeschminkter Barolo-Typus, wie ihn Giovanni Conterno oder Mauro Mascarello erzeugen. Doch auch wenn der Wein heute manchmal etwas gesitteter auf dem Markt auftritt; wenn seine Mazerationszeit da und dort verkürzt wurde (Farb- und Tanninextraktion aber durchaus die selbe Intensität bewahrten) und die Barrique die Tannine polierte – wenn also seine Ecken und Kanten in den vergangenen fünf bis zehn Jahren geschliffen worden sind: Ein Barolo besitzt so viel authentischen Charakter, daß er gewiß nicht darunter gelitten hat, ja in einigen Fällen sogar frischer und verjüngter aus dem Renovierungsbad aufgetaucht ist!

Barbaresco

Der Umstand, daß der Abschnitt über den Barolo wesentlich länger ist als der Text zum Barbaresco, darf nicht zum Fehlschluß verleiten, der Barbaresco sei der mindere Wein. Die vielgelesene Apostrophierung des Barbaresco als »kleiner Bruder des Barolo« halte ich für ungeschickt. Sie suggeriert eine Unterlegenheit, die nicht den Tatsachen entspricht. Es handelt sich bei den zwei Weinen sicher um verwandte Gewächse. Doch beide besitzen eine eigene Charakteristik, die gegeneinander auszuspielen nicht schicklich wäre. Nein, der Barolo wurde dem Barbaresco in der Abfolge dieses Buches vorgezogen, weil er die größere Anbaufläche aufweist, weil es also mehr von ihm gibt, und weil derzeit auch mehr interessante, innovative, ehrgeizige Winzer im Barolo-Gebiet auszumachen sind. Da die beiden Weine aber aus der gleichen Rebsorte gekeltert werden, ähnliche klimatische und geologische Voraussetzungen vorfinden, und da sich auch die Vinifikation vergleichbar abspielt, gilt vieles, was im vorherigen Abschnitt über den Barolo gesagt wurde, auch für den Barbaresco.

Doch worin unterscheidet sich nun der Barbaresco vom Barolo? Anbaugebiet und Produktionsmenge sind kleiner, erreichen nur etwas mehr als vierzig Prozent der Barolo-Größe. Die Böden sind von ähnlicher Beschaffenheit – trocken und kalkhaltig, mit steinigem, aus tuffhaltigem Mergel bestehendem Untergrund –, weisen jedoch einen erhöhten

Gehalt an Kupfer, Zink und Bor und damit eine andere mineralische Zusammensetzung auf. Übers ganze Anbaugebiet besehen, ist die Bodenstruktur aber uniformer als in der Barolo-Zone.

Das alles macht noch keinen großen Unterschied. Entscheidend ist wohl, daß das Klima im Barbaresco etwas wärmer und trockener ist und daß die Rebberge etwas tiefer liegen (150 bis 300 Meter über Meer). Die Trauben finden ein, zwei Wochen früher zur vollen Reife und besitzen bei der Ernte einen niedrigeren Säurewert als der Nebbiolo aus dem Barolo. So gibt sich ein Barbaresco milder als ein Barolo, fruchtbetonter, eleganter und anmutiger. Die ernste, strenge, mit »austero« umschriebene Eigenart des Barolo-Nebbiolo findet sich beim Barbaresco weniger ausgeprägt. Er ist der leichter zu trinkende Wein, ohne deswegen aber einfältiger zu sein. Seine freundlichen Eigenschaften verhalfen dem Barbaresco zur größeren Beliebtheit. Überspitzt ließe sich sagen, daß zwar vom Barolo mehr gesprochen, vom Barbaresco aber mehr getrunken wird. Der Barbaresco kannte auch nie eine Absatzkrise, wie sie der als Wein für die seltenen Feste verehrte, jedoch ebenso selten auch konsumierte Barolo in den sechziger und siebziger Jahren zu bewältigen hatte. (Einzelne kleine Baroli von Großbetrieben und Genossenschaften haben sich bis heute noch nicht ganz davon erholt.) Die Trauben des Barbaresco waren immer begehrt, seine Weine verkauften sich ohne große Anstrengung.

Die schöne Seite hat aber auch ihre Kehrseite: Wo sich die Barolo-Winzer in der Not zu handeln gezwungen sahen, die Ursache ihrer Probleme suchten und durch bewußtere und teilweise auch modifizierte Kelterung Abhilfe zu schaffen begannen, schliefen die meisten ihrer Kollegen im zwanzig Kilometer entfernten Anbaugebiet den Schlaf der Gerechten und verpaßten den Anschluß an die önologischen Entwicklungen. Heute ist darum innerhalb des Barbaresco-Gebiets das Qualitätsniveau weniger homogen als in der Barolo-Zone.

Natürlich hat Barbaresco seinen Angelo Gaja. Doch der ist seiner engsten Heimat um Jahre voraus. Von der verläßlichen Güte seiner Weine und ihren hohen Preisen, von seiner Marketingbegabung und seinem Verkaufsgenie kann die große Mehrheit der andern nur träumen. Das Anbaugebiet weist auch noch andere renommierte Produzenten auf: Bruno Giacosa und Marchesi di Gresy. Giacosa ist freilich ein Einzelkämpfer und hat sich seinen klingenden Namen vor allem mit dem Barolo gemacht. Und Marchesi di Gresy schwankt mir noch zu sehr in der Qualität; das Weingut hat seine Bewährungsprobe vielleicht erst noch vor sich.

Nein, das Potential von Barbaresco scheint mir bei weitem noch nicht ausgeschöpft. Seine Böden, seine Lagen sind für eine größere Zahl von Klasseweinen bereit. Doch in der Vinifikation und Kellertechnik fehlt es seinen Winzern an der nötigen Pfiffigkeit, dem Esprit, der Vision, die eben vorhanden sein müssen, wenn geistvolle Weine erzeugt werden wollen. Allzu viele Barbareschi sind noch von jener glanzlosen Biederkeit, die vielleicht Kurantweinen anhaften darf, aber nicht großen Gewächsen. Einzelne neue, teilweise noch sehr junge Produzenten wie Cigliutti, Gastaldi, Moccagatta, Bruno Nada, Pasquero, Pelissero, Roagna, Bruno Rocca, Sottimano haben sich in jüngster Zeit bemerkbar gemacht. Andere werden hoffentlich folgen, so daß Barbaresco bald den zweifachen Wettstreit mit Barolo aufnehmen kann: nicht nur mit einzelnen Weinen, sondern auch mit einer breiter gewordenen, schlagkräftigen Winzerelite.

Die Barbaresco-Dörfer und ihre guten Lagen

Das Zentrum des Barbaresco-Anbaugebiets bildet die namensgebende Gemeinde *Barbaresco*. Die

Ortschaft, deren zwei Wahrzeichen ein auf die Zeit der Römer zurückgehender Turm und Gajas Weingut sind, grenzt im Westen an den Fluß Tanaro, im Norden und Osten an Neive und im Süden an Treiso und Alba. Es weist eine Anbaufläche von knapp 220 Hektar auf. Bis 1933 stammte der in den neunziger Jahren des letzten Jahrhunderts erstmals von Domizio Cavazza unter dem Namen Barbaresco erzeugte Wein ausschließlich aus seinem Gemeindegebiet, das sich deshalb heute gerne noch als die eigentlich klassische Zone mit den besten Lagen sieht. Dann wurden Neive und 1966 schließlich Treiso der Anbauzone zugeschlagen.

Barbarescos beste Lagen befinden sich hauptsächlich auf hintereinander gestaffelten, nach Süden und Südwesten geneigten, langgestreckten Hügelzügen, die immer wieder muschelförmige Unterzonen bilden. Eine erste Kette südlich des Dorfes umfaßt Secondine (mit Gajas monumentalem Sorì San Lorenzo), Ghiga, Pajé und Moccagatta; eine zweite Faset, Pora, Asili, Martinenga (mit Gresys Unterzonen Gaiun und Camop Gros) und Rabajà. Weiter südlich oberhalb und unterhalb einer nach Alba führenden Straßenschlaufe liegen schließlich in Roncagliette noch Sorì Tidlin und Costa Russi Gajas andere Einzellagen. Ovello, Montefico und Montestefano, drei weitere bemerkenswerte Crus, befinden sich auf einer östlich von Barbaresco liegenden, von Norden nach Süden verlaufenden Hügelkette.

Fast alle diese Einzellagen werden von der örtlichen Genossenschaft Produttori del Barbaresco in guten Jahren separat vinifiziert. Wie unter einem Vergrößerungsglas präsentieren sich ihre Merkmale: elegant, komplex, mit viel Finesse Pajé, Asili, Rabajà; strukturierter, fleischiger, aber weniger raffiniert Rio Sordo, Ovello, Montefico und Montestefano; leichter und früher reifend Moccagatta und Pora.

Weitere gute Weine aus Barbaresco erzeugen neben den Produttori, Marchesi di Gresy und Gaja unter anderen vor allem Bruno Rocca mit seinem aus der Kernzone der Lagen stammenden Rabajà, Moccagatta, Ceretto mit Bricco Asili und Prunotto mit Rabajà und Montestefano.

Ein Barbaresco aus *Neive* besitzt in der Regel eine mächtigere Tanninstruktur und eine größere Langlebigkeit, aber weniger Duft, Eleganz und Feinheit als ein Gewächs aus Barbaresco. Wenn es einen Typus dieses Weins gibt, der der Stilistik eines Barolos nahekommt, dann ist es ein Neive-Barbaresco. Zwischen einem Barolo aus La Morra und einem Serra Boella etwa von Cigliutti oder einer Riserva von Castello di Neive (ganz zu schweigen von Bruno Giacosas Santo Stefano) liegen wahrscheinlich kleinere Welten als zwischen einem Barbaresco aus Neive und aus Barbaresco. Woran das liegt, ist schwer zu sagen. Sind es der etwas sandigere Boden oder der rustikalere Zugang in der Kellerarbeit, die diese größere Dichte, aber auch Steifheit bewirken? Neive beheimatet in seinen Grenzen jedenfalls weit mehr einer traditionellen Schule verschriebene Winzer als Barbaresco.

Die gesamte Anbaufläche von Neive beträgt nicht ganz 150 Hektar. Seine besten Lagen befinden sich auf der westlichen Seite des alten, oben auf dem Hügel thronenden Ortsteils und heißen Santo Stefano, Gallina, Tetti, Masseria, Cotta. Jenseits des Flußes Tinella, unterhalb von Bricco di Neive, liegt der nach Südwesten geneigte Abhang Serra Boella, auf dem der Nebbiolo ebenfalls prächtig gedeiht. Zu den bereits aufgeführten, in Neive domizilierten Produzenten verdienen auch Cantina del Glicine mit ihrem feingeistigen, eher untypischen Neive-Barbaresco und Pasquero eine Erwähnung. Außenstehende Kellereien, die aus gekauften Trauben gute Weine erzeugen, sind Scarpa (Tettineive) und Vietti (Masseria).

In *Treiso* und dem zum Dorf gehörigen Ortsteil *San Rocco Seno d'Elvio* schließlich gehören 95 Hektar zum Barbaresco-Anbaugebiet. Barbera und Dolcetto genießen hier einen guten Ruf, doch das Dorf weist auch einige hervorragende Nebbiolo-Lagen auf, die vor allem von auswärtigen Weingütern und Kellereien genutzt werden. Das meiste Prestige besitzen die südlich und westlich des Monte Aribaldo – wo Marchesi di Gresys feiner Dolcetto-Cru herkommt – liegenden Rebberge Pajoré, Marcarini, Casotto und Giacosa. Ein Barbaresco aus Treiso ist kräftig, aromatisch, säurereich und von beträchtlicher Eleganz, ohne aber die Wucht von Neive und die Finesse von Barbaresco zu erreichen. Gute im Dorf ansässige Produzenten sind Pelissero, Lodali, Sottomano und vor allem Bruno Nada, der aus der Lage Rombone ein ungemein anmutiges, verführerisches Gewächs anbietet. Gaja und Pio Cesare brauchen viele Trauben aus Treiso für ihre normalen Barbareschi. Mauro Mascarello erzeugt in Marcarini einen bemerkenswert würzigen Wein. Doch insgesamt kann sich die Gemeinde in Zukunft sicher noch stärker profilieren.

Moscato

Die Kunst, einen schäumenden Asti Spumante zu erzeugen oder einen viel dezenter perlenden Moscato d'Asti oder gar einen Moscato passito, der seine likörartige Konsistenz und Süße den zu Rosinen geschrumpften, getrockneten Beeren verdankt – kurz, die Kunst, einen guten Wein aus der Moscato-Traube zu bereiten, besteht darin, deren ganze reife Süße in den Wein zu bringen. Denn keine Rebsorte ist so honigsüß wie die Muskateller, keine aber auch so stumpf und ausdruckslos, wenn sie zu trockenem Wein wird. Ein guter Moscato ist wie ein strahlend fruchtiges Traubenelixier, dem ein gelungenes Süße-Säure-Spiel Raffinesse und der harmonisch damit verbundene (bescheidene) Alkoholgehalt Würze schenkt. Er ist ein Wein, der einem spontan in die Nase springt, den Gaumen kitzelt und den Geist erfrischt; ein Wein, der keine Geheimnisse birgt, nicht zum Grübeln, sondern zum frivol-bedenkenlosen Trinken verleitet und einen nach einem Glas zuviel nicht niedergeschlagen, sondern beschwingt zurückläßt.

Dieser fruchtig-süßen Eigenschaften wegen ist die Traube beim Konsumenten wie beim Winzer im Südpiemont so beliebt. Sie bedeckt elf Prozent der gesamten Piemonteser Anbaufläche – 8900 Hektar in den Provinzen Cuneo, Asti und Alessandria. Rund fünfzig Prozent aller DOC-Weine stammen aus ihr. (Die Popularität unter den Erzeugern hat freilich noch andere, handfestere Gründe: ihre leichte Pflege und der relativ hohe erlaubte Hektarertrag von 11 000 Kilogramm!)

Der Asti Spumante ist ein Produkt der Weinindustrie, während Moscato d'Asti handwerklichem Geist entspringt. Das hat strukturelle Gründe: Die auf das Städtchen Canelli konzentrierte Asti-Industrie verarbeitet rund 98 Prozent der jährlichen Ernte. Sie kauft die Trauben von tausend und abertausend – teilweise in Genossenschaften zusammengeschlossenen – Winzern und keltert sie in den gigantischen, chrom- und stahlblitzenden Kellern zu Spumante. Herkunfts- und Jahrgangsunterschiede werden da natürlich verwischt, im Visier steht das Markenerzeugnis Asti Spumante, das umgehend über die engeren Grenzen nach Süditalien, wo sich der Asti besonderer Beliebtheit erfreut, und in die ganze Welt, insbesondere in die USA, exportiert wird.

Asti Spumante ist in den letzten Jahren in die Krise geraten. Er leidet unter dem Image eines Billigweins und kann auf seriöse Art nicht kostendeckend erzeugt werden, wenn er sich diesem Ruf anpassen muß. Moscato d'Asti (und Moscato passito) dagegen erlebten eine echte Renaissance.

Immer mehr junge Winzer, hauptsächlich aus dem Dreieck Castiglione Tinella, Neviglie und Santo Stefano Belbo, versuchten sich in der Eigenkelterung der Moscato-Traube. Trauben zu produzieren wie ihre Väter für den anonymen Spumante-Markt war ihnen keine Zukunftsperspektive. Sie reduzierten die Erträge auf 5000 Kilogramm pro Hektar, installierten im Keller Drucktanks aus Chromstahl und begannen höchst individuellen Wein herzustellen: feinfruchtigen, säurebeschwingten Moscato d'Asti, der die Signatur seines Bodens und seines Winzers trägt.

Die Gastronomie, die vielen Besucher der Langhe und ihrer fabelhaften Restaurants, aber auch die Einheimischen stürzten sich auf die Weine, die ein üppiges Essen so elegant beschließen. Die guten Produzenten – Bera, Dogliotti, Gatti, Marino, La Morandina, Rivetti (La Spinetta), Saracco, I Vignaioli di Santo Stefano usw. – sind heute an Ostern des auf die Ernte folgenden Jahres regelmäßig ausverkauft, und der Run auf die erste Abfüllung noch vor Weihnachten erinnert an die einstige Jagd auf Beaujolais-primeur-Flaschen.

Doch wie wird der Moscato hergestellt, wie kommt er zu dieser prickelnden Frische, zu dieser traubigen Süße? Die Trauben werden früh gelesen – im September, d.h. zu einem Zeitpunkt, da sich Säure und Zucker in optimaler Balance befinden – und schonend gepreßt. Der Saft wird leicht eingeschwefelt, um auch nicht die geringste Oxydation zu riskieren, nach dem Absetzen der Trubstoffe sachte filtriert und in Lagertanks gepumpt, wo der zuckersüße Most gekühlt auf seine Weiterverarbeitung wartet. Diese erfolgt dann zeitlich gestaffelt, sorgfältig abgestimmt auf eine neue Auslieferung. Denn je jünger der ins Glas schäumende Moscato ist, desto frischer schmecken seine Aromen.

Wird eine Flaschenabfüllung ins Auge gefaßt, startet der Kellermeister den zweiten Teil der Vinifizierung: Er pumpt den Most in einen Drucktank, der die bei der Gärung freiwerdende Kohlensäure im Wein zurückhält, impft ihn mit den Gärhefen, erwärmt den Behälter und läßt die Fermentation anlaufen. Nun gilt es, den Zeitpunkt des Gärstops nicht zu verpassen – der Wein will ja mit dezenter Süße abgefüllt werden. Da braucht es viel Subtilität, um den Moment zu treffen, wo sich Säure, Zucker und Alkoholgehalt im schönsten Zusammenspiel befinden. Dieser liegt etwa bei einem Alkoholgehalt von 5 bis 5,5 Volumenprozent und einem Kohlensäuredruck von rund 1,5 bar. Sofort wird hinuntergekühlt. Die Hefen stellen ihre Tätigkeit ein und werden anschließend herausgefiltert. Der Wein erhält nochmals eine kurze Verschnauf- und Ruhepause – immer eisgekühlt, versteht sich – und wird schließlich unter Gegendruck steril auf die Flasche gezogen.

Die Herstellung des Asti Spumante unterscheidet sich im wesentlichen in nur einem Punkt: Die Gärung dauert etwas länger, da ein höherer Alkoholgehalt von 7 bis 9,5 Volumenprozent und ein stärkerer Kohlensäuredruck von mindestens 3 bar erwünscht sind. Sie erfolgt allerdings auch im Drucktank, denn die Flaschengärung, wie sie Carlo Gancia im letzten Jahrhundert aus der Champagne importiert hatte, bewährte sich nicht. Die Méthode champenoise ist bei einem süßen Schaumwein sehr viel schwieriger zu kontrollieren als bei einem trockenen. Der eingesperrte Wein konnte in der Flasche einen so gewaltigen Druck entwickeln, daß sie barst.

Ein Wort noch zum Moscato passito, der in den letzten Jahren sehr stark in Mode gekommen ist. Der im Ideal duft- und fruchtintensive, honigsüße, nachhaltige Dessertwein wird auf der Basis von angetrockneten Moscato-Trauben hergestellt. Giancarlo Scaglione von Forteto della Luja in Loazzolo erzeugte ihn auf vorbildliche Weise als erster und inspirierte mit seinem auch finanziellen Erfolg eine ganze Reihe von Winzern aus dem Astigiano. Heute trifft leider allerdings auf einen guten Teil dieser Produktion zu, daß längst nicht alles Gold ist, was da so goldgelb in der Flasche glänzt. Vieles ist bloß klebrig-süß und massiv überbezahlt.

5. Acht Produzenten exklusiv

Gewiß gibt es nicht nur acht Personen in der Langhe, deren Weine Klasse besitzen. Ebenso sicher findet sich unter den nachfolgend porträtierten Winzern aber auch keiner, der dieses Attribut nicht mit gutem Gewissen auf seine Produkte anwenden dürfte. Die beiden Brüder Conterno, Angelo Gaja, aber auch Mauro Mascarello haben schon lange bewiesen, wie kompromißlos ihr Einsatz für den Qualitätswein ist. Sie stammen allesamt aus Familien, die sich auf eine reiche Tradition im Weinbau berufen können. Sie verstehen alle die Arbeit am Barolo bzw. Barbaresco als ihre Hauptaufgabe, auch wenn sie dabei unterschiedliche Wege gehen. Und sie begeistern uns alle mit einem authentischen Nebbiolo, der das Terroir, auf dem er gewachsen ist, beredt zum Ausdruck bringt.

Elio Altare, Luciano Sandrone, Enrico Scavino und Roberto Voerzio dagegen repräsentieren eine jüngere, anders geprägte Generation. Ihre Väter haben hauptsächlich Trauben produziert – wenn sie überhaupt im Weinbau tätig waren. Der Väter Ziel hieß dabei Menge, denn das brachte größeren Verdienst. Die Söhne begriffen, daß sich mit eigenem Wein durchaus Geld machen läßt, wenn er nur besonders gut ausfällt. Sie fingen im Rebberg an, begrenzten den Ertrag ohne Rücksicht auf den Familienfrieden und kelterten die Trauben ohne übertriebene Achtung vor der Überlieferung. Aus der Revolte oder dem Individualismus wurden Weine geboren, die stolz die Handschrift ihrer Erzeuger vorzeigen, dennoch aber jederzeit als langarolische Gewächse identifizierbar sind.

Alle acht hier Versammelten produzieren also Weine, in denen sich sowohl die heimatliche Landschaft wie auch die Persönlichkeit der Winzer spiegelt. Sie scheinen mir deshalb eine besondere Beachtung zu verdienen, wenngleich sofort angefügt sei, daß diese exklusive Betonung auch noch auf (allerdings nicht allzu viele) andere hätte fallen können.

Elio Altare
Des Weinmachers Weinmacher

Der Ruhm von Elio Altare verhält sich umgekehrt proportional zur Verfügbarkeit seiner Weine. Rarer als diese Spitzengewächse sind wohl nur noch jene anderen Weinmacher, denen das gleiche Kunststück gelungen ist, vom bloßen Gerücht zum Star zu avancieren, obwohl (oder vielleicht gerade weil) sie die riesige Nachfrage nie zu befriedigen vermögen. Oder um es weniger rätselhaft zu sagen: Ich kenne nicht viele Winzer mit einem ähnlich renommierten Namen und einer vergleichbaren Medienpräsenz wie diesen kleinen, zähen, charismatischen Mann, der zudem – das macht die Geschichte noch unerhörter – vor sechs, sieben Jahren nicht einmal guten Kennern des Barologebiets bekannt war. Seine Weine sind nur kontingentiert, auf Vorbestellung, flaschenweise oder in unwesentlich größeren Mengen erhältlich – sofern sie überhaupt käuflich zu erwerben sind und nicht exklusiv an den Tischen feiner Restaurants getrunken werden.

Elio Altare kam 1950 in Dogliani, einem Zentrum der Dolcettoproduktion, in einer Trauben und

▲ Elio Altare

▼ Aldo Conterno

▲ Giovanni Conterno   ▼ Angelo Gaja

Obst anbauenden Bauernfamilie zur Welt. Kurz nach seiner Geburt zogen seine Eltern ins nahe Anbaugebiet des Barolo, in den Weiler Pozzo bei Annunziata in La Morra, wo Elio zusammen mit seiner warmherzigen Frau Lucia und den beiden Töchtern heute noch lebt. Kindheit und Jugend waren entbehrungsreich, das Familienleben geprägt vom alljährlichen Zittern um eine gute Ernte und vom Feilschen um einen möglichst hohen Traubenpreis. Obwohl in der Gemeinde La Morra bereits damals über ein Drittel der gesamten Baroloproduktion heranwuchs, gab es neben den adligen Cordero di Montezemolo keinen nennenswerten, selbstabfüllenden Betrieb. Die Trauben wurden den Weinhändlern verkauft. Diese zahlten schlecht, für die Herkunft aus La Morra vermutlich noch schlechter, galten doch die Wingerte dieses Dorfs als zweitklassig. »Barolino« – leichterer, strukturärmerer Wein also – komme eben aus La Morra, spöttelte man in den klassischen Barolo-Hochburgen Monforte und Serralunga.

Wer viele Trauben ablieferte, hatte Ende des Jahres auch den größten Zahltag. 15 000 Kilogramm pro Hektar waren die Regel, heute ist es die Hälfte, bei qualitätsbewußten Erzeugern ein Drittel oder gar ein Viertel. Elios Vater Giovanni machte da keine Ausnahme; wie andere Bauern kelterte er aber immer auch etwas Barolo für den Eigengebrauch oder die wenigen Kunden, die den Weg in die Cascina Nuova fanden. »Zu hoher Ertrag, zu überreife Trauben, zu lange Mazeration, unsaubere Fässer«, donnert Elio heute, wenn er die Entstehungsbedingungen der väterlichen Weine geißelt. Darin verbirgt sich natürlich unausgesprochen die eigene Produktionsphilosophie. Und angedeutet ist damit auch die Ursache für den überaus heftigen Generationenkonflikt, der ausbrach, als Elio 1976 das Gut übernahm und sich unverzüglich an die Änderung der Schnittpraxis machte.

Schicksalsbestimmend allerdings war zwei Jahre später eine Reise ins Burgund, mit dem man sich in der Langhe übrigens angesichts ähnlicher Rahmenbedingungen (kleine Betriebsgrößen, wichtige Stellung der traubenkaufenden und -verarbeitenden Weinkellereien, Bedeutung des Mikroklimas und damit der unterschiedlichen Climat, Tradition der Reinsortigkeit) gerne vergleicht. Wie Schuppen fiel es ihm auf dieser Weintour von den Augen: Zu Hause erzeugte man aus dem Nebbiolo Weine, die waren anfänglich wegen ihrer Tanninfracht schneidend und beißend, kurz: untrinkbar, und mußten deshalb jahrelang im großen Holzfaß und anschließend in der Flasche einer mildernden Reife entgegendösen, bis sie dann – weich, meist aber auch unfrisch und müde geworden – dem Verbraucher zugemutet werden konnten. Ein Barolo mußte also zuerst den Weg durchs Fegefeuer nehmen, um in den Himmel zu gelangen; beim Burgunder aber durchschritt man gleich mit dem ersten Schluck des noch jungen Weins die Pforte ins Paradies und durfte sich bis zum Ende der Vorstellung darin aufhalten.

Der Burgunder nimmt den staunenden Elio sowohl als junger, mit seiner typischen, verführerischen Frucht, wie als gereifter, in seidenweicher Finesse strahlender Wein gefangen. Er wird ihm – in gelungener Form versteht sich, über die vielen unsäglichen Tropfen wollen wir hier gnädig den Mantel des Schweigens breiten – zum Inbegriff des großen Weines, der die Elemente Frucht, Frische, Feinheit und Eleganz in ähnlich vollendeter Harmonie in sich vereinigt wie – ich zitiere eines von Elio Altares drastischen Bildern – die gute Minestrone ihre verschiedenen schmack- und nahrhaften Ingredienzen.

An sich und die anderen Produzenten der Langhe richtet er seither die Forderung nach einem Wein mit einer möglichst weiten Zeitspanne des Trinkgenußes. »Ein Wein ist dann groß, wenn er schon im Jahr nach der Flaschenabfüllung zum Trinken einlädt, dieses Vergnügen aber auch nach fünf, zehn, zwanzig Jahren bereitet«, doziert er. Derartige Sentenzen wirken aber nie aufgesetzt oder gar dogmatisch. Sie fallen wie beiläufig im Gespräch, einem Gespräch, das sich unversehens zur grandiosen Lektion über Weinbau, Weinbereitung und Weinkultur ausweitet, die vorrückende Zeit vergessen läßt und eindrucksvoll spürbar macht, mit welcher Begeisterung, mit welchem Engagement und mit welcher Neugierde dieser Mann seine Profession lebt.

Altare befindet sich auf dem besten Weg, den selbstgestellten Anspruch einzulösen, wenngleich ihm natürlich der Beweis der Langlebigkeit seiner Gewächse noch nicht gelingen konnte. Die schönsten seiner Weine sind zweifellos große Weine. Sie verdanken ihre Entstehung einem Programm, das hier in seiner Negation bereits formuliert wurde und sich an der für alle wirklichen Spitzenproduzenten geltenden Binsenwahrheit orientiert, daß sich Klasseweine, vor allem roter Provenienz, zu siebzig Prozent dem Rebberg, zu zwanzig der Gärung/Mazeration und zu zehn Prozent dem Ausbau verdanken: Geringer Ertrag, gesundes, physiologisch reifes, aber nicht überreifes Traubengut (worauf nicht nur die klimatischen Bedingungen und der Rebschnitt, sondern auch naturschonendes Schaffen im Rebberg einen Einfluß haben), eine verkürzte, dafür um so intensiver überwachte Mazerationszeit, Ausbau in Eichenholzbehältern verschiedenster Größe (Barriques werden pragmatisch als Arbeits- und nicht als Kultinstrument eingesetzt).

Altares Paradeweine sind der Barbera Vigna Larigi, der Nebbiolo Vigna Arborina und der Barolo Vigneto Arborina. Daneben erzeugt er einen »normalen« Barolo und Barbera und die beiden Dolcetti

Cascina Nuova und La Pria, die dem robusten, das heißt reifebedürftigen Typus zuzurechnen sind. Insgesamt verlassen alljährlich 30 000 bis 40 000 Flaschen das Gut.

Den ersten großen Erfolg feierte Elio Altare mit dem 1982er Barolo Arborina, der im ersten Gambero Rosso auf Anhieb die begehrten drei Gläser erhielt. Zur Kultfigur wurde er jedoch mit den zwei Barrique-Weinen Vigna Larigi und Vigna Arborina. Vor allem der Barbera verfügt über eine unglaubliche Tiefe und eine wunderbare, in würzige Holzaromen eingebettete, schwarzbeerige Frucht. Ein Konzentrat von einem Wein, das dem Barbera d'Alba neue Dimensionen eröffnete und sich vor allem einem sensationell tiefen Ertrag verdankt: 25 Hektoliter pro Hektar waren es 1990, zwanzig Hektoliter (zwei Deziliter pro Quadratmeter!) gar nur ein Jahr zuvor. Die Mazeration dauert sieben bis acht Tage, ein Teil der Kämme wird mitvergoren, um den von Haus auf gerbstoffarmen Barbera-Wein mit zusätzlichem Tannin anzureichern. Der Ausbau vollzieht sich 18 Monate in französischen Barriques unterschiedlichster Provenienz (die Minestrone läßt grüßen!); 1989 waren es lauter neue, wovon der etwas exzessive Holzton Zeugnis ablegt; 1990 kamen auf Rat des Regisseurs von Château Margaux, Paul Pontallier, zwei gebrauchte auf acht neue, was der Harmonie durchaus dienlich ist!

Die Nebbioli aus der sich unterhalb der Vigna Larigi befindenden 1,6 Hektar großen Lage Arborina entstehen zwar beide aus einem ebenfalls tiefen Ertrag von 35 Hektoliter pro Hektar, mausern sich dann aber zu zwei komplett verschiedenen Weinen. Der Vino da Tavola Vigna Arborina gehört zur Elite jener sogenannten Autorenweine (andere Namen wären etwa Clericos Arte, Roagnas Opera Prima oder auch Aldo Conternos' Favot), die mittels kurzer Gärung und Barriquereifung der Sorte einen internationalen Schliff verpassen wollen.

Über den Umweg dieser etwas stromlinienförmigen Produkte soll die Aufmerksamkeit einer kosmopolitischeren Öffentlichkeit auf den sperrigeren Barolo gelenkt werden.

Altares Version gärt bloß drei bis fünf Tage, kommt dann ins Eichenfäßchen (Pontalliers Rezept wird da ebenfalls befolgt), wo auch der biologische Säureabbau stattfindet, und nach 18 Monaten als eleganter, geschliffener Nebbiolo in die Flasche. Wesentlich mehr Hintergrund und Komplexität entfaltet zum Glück der Barolo aus gleichnamiger Lage. Nach einer stürmischen Gärung bei einer anfänglichen Temperatur von bis zu 34 Grad Celsius – sie dauert zwei, drei Tage, während denen bereits das Maximum an Farbstoffen extrahiert wird –, mazeriert der Most für kurze fünf, sechs Tage. Altare ist überzeugt, auf diese Weise die feinen und eleganten Tannine aus den Traubenhäuten zu lösen, die er für seine Vorstellung des von Anbeginn geschmeidigen Barolo benötigt. Ein differenzierter Ausbau in größeren und kleineren Hölzern (inklusive gebrauchten Barriques) rundet zum Schluß die Struktur und bereitet den Wein auf die Flaschenlagerung vor. Das Resultat ist ein eleganter Barolo mit Saft und Tiefe, der sich – das ist eine weitere Definition eines großen Weins nach Altares Gusto – tatsächlich bei Tisch wie von selbst trinkt.

Mit diesen überaus stilvollen Weinen hat sich Elio die große Anhängerschaft und die gute Presse geschaffen. Um den Verkauf mag er sich nicht kümmern. Das würde ihn allzu sehr ablenken von den tausend Details des Weinmachens, denen er sich mit Inbrunst widmet. Für ihn und Lucia ist die Arbeit an einem Wein beendet, wenn die letzten Etiketts von Hand (sic!) auf die Flasche geklebt sind. Was nachher kommt, ist Sache der beiden Courtiers und Berater: Silvano Formigli, der mit seinen »Fattorie« einen ganzen Strauß kleiner, feiner Weingüter auf dem italienischen Markt anbietet, und Marc de Grazia, der die gleiche Aufgabe für den ausländischen Markt wahrnimmt. Viel wandert in die USA. In Deutschland und in der Schweiz muß über gute Beziehungen verfügen, wer von Altares großen Weinen einige Flaschen in den Keller legen will. Für manch interessierten Weinfreund des Piemont ist mangels dieser Möglichkeit des Nachvollzugs Altares Bedeutung größer als Ziehvater einer ganzen Schar jüngerer Winzer, die sich bei ihm Rat holen und diesen kongenial in die Tat umsetzen: Matteo Correggia etwa oder Renato Corino sind nur zwei aus diesem Jüngerkreis, die sich inzwischen einen eigenen Namen geschaffen haben. Im englischen Sprachraum gibt es eine Bezeichnung für einen ganz besonderen Typus Schriftsteller, der der Hermetik und des Avantgardismus seiner Texte wegen weniger ein großes Lesepublikum erreicht, als andere Kollegen beeinflußt. Sie heißt »a writer's writer«. Elio Altare aus La Morra erfüllt unter den Winzern der Langhe eine ähnliche Aufgabe. Seiner Persönlichkeit, aber vielleicht auch der geringen Verfügbarkeit seiner Weine wegen ist er so etwas wie ein »Weinmachers Weinmacher«.

Aldo Conterno
Der gute Mensch von Monforte

Die Winzer und Weinproduzenten der Langhe sind so wenig gegen menschliche Schwächen gefeit wie Leute aus anderen Berufen. Auch wenn sich ihre Weinberge noch weitgehend in Familienbesitz befinden, wenn Versicherungen, Banken und andere kapitalkräftige Konzerne (noch) nicht – wie in der Toskana oder im Bordelais – im großen Stil in die Reben und Keller des Gebiets investiert haben, so daß die Weinwelt um Alba also einen recht beschaulichen und intakten Anblick bietet: Der eigene Wein gilt den meisten als Maß aller Dinge. Der Erfolg des andern wird skeptisch, ja argwöhnisch zur Kenntnis genommen, sein Mißerfolg mit einer gewissen Portion Schadenfreude kommentiert. Neben Angelo Gaja, dessen Verdienste auch von den ehrgeizigsten Konkurrenten freimütig zugegeben werden, ist es vor allem Aldo Conterno, vor dessen Name rundum der Hut gezogen wird.

Wer Aldo je einmal auf seiner Cascina Favot besucht hat – sie liegt an einer Straßenkehre zwischen Castiglione Falletto und Monforte und erinnert mit ihrer großzügigen Anlage, dem blütenweißen Anstrich eher an eine texanische Ranch als an ein Barolo-Weingut –, der weiß, worin diese Wertschätzung gründet: in der unmittelbar spürbaren Redlichkeit dieses Mannes, der – durchaus stolzen – Bescheidenheit, mit der er von sich, seiner Familie und seinen Weinen spricht, in der klaren Vorstellung seiner Arbeit, die sich als unverwechselbare Transparenz in seinen Weinen ausdrückt.

Ein gutes Stück dieser Estimation gilt wohl aber auch der Familie, aus der Aldo stammt: Die Conterno gehören in Monforte zum Barolo-Adel. Vater Giacomo war einer der großen Barolista alter Schule. Er brachte die mächtige Riserva Monfortino zu Glanz und Ruhm. Aldo wuchs im Bewußtsein dieser stolzen Tradition auf, im Schattenwurf der Reben und der sperrigen Holzfässer, in denen der streng gekelterte Wein jahrelang seiner Flaschenreife entgegenschlummerte. Seine Wege schienen vorgezeichnet: Zusammen mit dem älteren Bruder Giovanni sollte er das väterliche Erbe verwalten und vergrössern. 1954 erreichte ihn allerdings der Hilferuf eines Onkels in Kalifornien, der im Napa-Valley ein Weingut zu begründen dachte. Aldo fuhr nach Amerika. Doch statt in die Reben verschlug es ihn in den Koreakrieg – eine Folge des Nato-Pakts. Zum Einsatz kam er glücklicherweise nicht, dafür lernte er Englisch, was ihm im Umgang mit den vielen Weintouristen, die heute seinen Keller besuchen, sehr zupaß kommt.

Der Traum einer kalifornischen Winery zerschlug sich jedoch schnell. Aus dem Krieg heimgekehrt, traf Aldo einen Onkel, der zu krank war, um seine ehrgeizigen Pläne weiter zu verfolgen. 1959 kehrte er deshalb ins Piemont zurück, wo er in den nächsten zehn Jahren mit Giovanni die Geschicke des Familienguts bestimmte. Die zwei Brüder waren allerdings so verschieden, daß sie ihre Zusammenarbeit auf die Dauer nicht fortführen konnten. Ihre Meinungsverschiedenheiten über die Dauer des Faßausbaus – Giovanni plädierte für eine möglichst lange Rcifczcit im Faß (acht Jahre waren für den Monfortino gerade gut genug), Aldo bevorzugte frischere Weine und wollte sie verkürzen – führten 1969 zur Scheidung, die noch mit Billigung des Vaters vollzogen wurde und sich vielleicht auch deshalb höchst friedlich abwickelte.

Giovanni behielt Keller, Namen und Etiketten der Weine, mußte aber die Hälfte der an Lager liegenden Flaschen Aldo mit in die Selbständigkeit geben. So hatte dieser als »jüngerer Bruder« zwar einen weit schwierigeren Start, mit den überdurchschnittlich guten Jahrgängen 1961, 1964 und 1967 verdiente er aber doch schon ein renommierstiftendes Anfangskapital. Diese kluge Teilung erklärt übrigens die Merkwürdigkeit, daß heute noch da und dort Baroli-Jahrgänge von den »Poderi Aldo Conterno« zu finden sind, die aus einer Zeit stammen, als das Weingut noch gar nicht existierte.

Aldo schuf sich aber nicht nur der wertvollen Mitgift wegen schnell einen guten Namen. Entscheidend waren vielmehr seine Weitsicht und Flexibilität, auf die wohl der etwas unorthodoxe USA-Aufenthalt positiv abgefärbt hatte, sowie der Rückhalt und die tatkräftige Unterstützung, die ihm seine Frau Gemma gab. Sein Erfolg fußt darüber hinaus auf dreierlei: Zum ersten auf dem Prinzip, nur Weine aus selbst bewirtschafteten Trauben zu keltern. Nur so hat er die Gewähr, über eine gesunde, ein reiches Potential bergende Materia prima zu verfügen. Strikte Ertragsbegrenzung ist dabei oberstes Gebot. Zu diesem Behufe erwarb er in der hoch angesehenen Lage Bussia Soprana, aus der schon sein Vater Trauben gekauft hatte, bestes Rebland und führte den einzelnen Weinberg auch auf dem Etikett auf – eine damals noch keineswegs gängige Praxis.

Zum zweiten reicherte er die herkömmliche Art der Weinbereitung immer dann mit einem Schuß moderner Erkenntnisse an, wenn diese ihm Gewähr bot, die Schwäche der alten Methode zu beheben, ohne dabei die Identität und den Charakter des Produkts preiszugeben. So ist er zwar ein Verfechter einer langen Maischegärung und Mazeration von drei bis vier Wochen, reduziert aber den Ausbau in den traditionellen Holzfässern auf das gesetzliche Minimum und füllt dann entweder in die Flasche ab (die normale Baroloqualität) oder lagert den Wein unter Sauerstoffausschluß in kleinen Edelstahltanks, um ihm die Frische zu bewahren. Aldo braucht für dieses, sein Barolo-Ideal ein Bild, das mir ausnahmsweise zitierenswert scheint, so sehr ich sonst beim Wein die anthropologischen Vergleiche meide: Es ist das Bild von der in Würde gereiften Frau, die – obwohl älter geworden – nichts von ihrer Schönheit eingebüßt hat, ja die dank dem Zuwachs von einer auch äußerlich sichtbaren Lebenserfahrung schöner geworden ist.

Oder – um ein anderes Beispiel seiner Aufgeschlossenheit zu geben (die ohnehin unklaren, weil vom Standpunkt des Urteilenden abhängigen Begriffe »Traditionalist«/»Modernist« lassen sich bei Aldo Conterno am ehesten in einer Art Synthese anwenden): Schon 1982 lancierte Aldo seinen ersten, in Barriques ausgebauten Barbera-Wein, den Barbera d'Alba Conca Tre Pile. Bemerkenswert ist, daß mit diesem Jahrgang auch der als Barrique-Pionier verehrte, legendäre Giacomo Bologna mit seinem ebenso legendären, fäßchengereiften Barbera Bricco dell'Uccellone erstmals an die damals vor allem im Ausland vermutete Öffentlichkeit trat. Conterno verstand den Einsatz der Barrique zwar anfänglich noch als Konzession an den internationalen Geschmack – der offenbar versessen ist auf den Eichenholzton mit seinen Gewürzaromen (Vanille usw.) und der den weichen, runden Körper sucht – und erzeugte bloß widerstrebend einen Barrique-Barbera. Rückblickend, und auf dem Hintergrund des zurzeit im Piemont grassierenden Booms von in der Barrique gereiften Barbera-Weinen, darf ihm aber ein avantgardistischer Zug attestiert werden.

Zum dritten schließlich ist er weise und tolerant genug, um seiner Nachfolge nicht selbst im Wege zu stehen. Seine drei Söhne – Franco, Stefano und Giacomo – besitzen allesamt eine Ausbildung in Önologie und wachsen – jeder seinen speziellen Talenten gemäß – harmonisch in den Betrieb hinein und bringen da eigene Ideen mit. So ist der Favot, ein nur kurz an der Maische vergorener, barriquegereifter Nebbiolo-Wein aus jungen, noch nicht barolowürdigen Reben auf ihrem Mist gewachsen. (Vater Aldo fürchtet beim Nebbiolo zu sehr um den Verlust der Typizität und die Verwischung der Lagenunterschiede, als daß er ihn der Prägung durch frisches Eichenholz anvertraut hätte. Einen barriquegereiften Barolo wird es deshalb wohl unter seiner Ägide nie geben.) Und die 1991 erstmals für den Markt erzeugten zwei Chardonnay (in einer tank- und einer barriquevergorenen Version) dürften ebenfalls dank der Initiative der jüngeren Generation entstanden sein.

Zwischen 150000 und 200000 Flaschen erzeugt das Weingut Aldo Conterno im Jahr. Die ganze Palette der langarolischen Rotweine ist dabei vertreten, in stets zuverlässiger, tadelloser, sortentypischer Qualität: Sie reicht vom zwiebelschalenfarbenen, etwas spröden und leicht bitteren Grignolino Monperno über den reifebedürftigen, robusten Dolcetto Bussia Soprana, den leicht prickelnden, ungemein duftigen, aber bitter-trockenen Freisa Bussianella und die beiden schon erwähnten Barbera und Favot hin zum Königswein des Betriebs, den Barolo. In qualitativ normalen Jahren wie 1986 oder 1987 gibt es davon eine Ausgabe: den Barolo Bussia Soprana aus der gesamten Bussia-Lage. Läßt es die Güte der Ernte zu, werden die Trauben aus den besten Rebbergen der Hügelspitze zu Einzellagen-Baroli vergoren: Bricco Bussia Vigna Colonnello und Bricco Bussia Vigna Cicala (letzterer braucht in der Regel immer etwas mehr Flaschenreife). Verspricht der Jahrgang gar das Maximum, kommt zu den beiden Topweinen ein dritter, Aldos Antwort auf den Monfortino seines Bruders: Granbussia, eine Auswahl aus Colonnello und Cicala plus den Trauben aus der seltener für sich alleine abgefüllten Spitzenlage Romirasco. Der ungemein konzentrierte, immer aber von einer prägnanten Fruchtsäure unterlegte und von einem dichten Tanninkorsett gestützte Prestigewein kommt erst nach fünf Jahren, zu Beginn seiner ersten Trinkreife, auf den Markt. In den siebziger Jahren wurde er dreimal erzeugt (1971, 1974 und 1978), dann folgten der klassische 1982er, der wuchtige, aber leichter zugängliche und schneller reifende 1985er und schließlich die drei »Treppenjahre« (ihre Qualität steigert sich Schritt für Schritt) 1988, 1989, 1990. Man kann sich fragen, ob in diesen drei Jahrengängen, die frühestens ab 1993 ausgeliefert werden, die Diversifikation (dreimal Colonnello, Cicala, Granbussia und vielleicht gar noch Romirasco) nicht übertrieben, der Konsument nicht überfordert und der Blick auf die Standardqualität Bussia Soprana nicht verstellt wird... Wie dem auch sei und welcher Typ es denn auch sein mag: Ein Barolo von Aldo Conterno mit seinen prägnanten Fruchtsäuren, der dichten Struktur und dem charakteristischen Goût du Goudron ist allemal ein sicherer Wert. Immer trägt er das Merkmal eines großen Barolo: jene besondere Nuance von Süße, die mit den anspruchsvollen Tanninen nicht konkurriert, sondern sie ergänzt. Dank dieser Verläßlichkeit auf höchstem Niveau hört man in der Langhe niemanden schlecht von Aldo Conterno reden.

Giovanni Conterno
Dem klassischen Weg verpflichtet

Mit der Porträtierung Giovanni Conternos ist es eine Krux. Jeder in der Langhe bezeichnet ihn als »Traditionalisten« und bewundert seine mächtigen, tiefen, langlebigen Weine. Kaum einer aber getraut sich, den eigenen Weinen eine ähnliche Stilistik zu verpassen. Sei es, daß einem die dafür notwendige Materia prima fehlt, daß man nicht über Conternos spezifische Mischung von Intuition und Erfahrung verfügt oder sei es, daß man schlicht das Etikett »Traditionalist« fürchtet, das für viele wenig schmeichelhaft ausdrückt, was Mauro Mascarellos einmal in folgendes Bonmot gefaßt hat: »Traditionalist ist einer, der in großen Jahren große, in schlechten hingegen fürchterliche Weine erzeugt.«

Nur, Giovanni Conterno fechten derartige Berührungsängste so wenig an wie die Haarspaltereien um den Begriff »Traditionalist«. Seit Jahr und Tag macht er seinen Wein, nur sich selbst, seiner Familie und ihrem guten Namen verpflichtet, unbeirrt auf dem klassischen Weg, der von der Vergangenheit in die Zukunft führt. Seine Gesichtszüge sind vielleicht etwas kantiger geworden, die Haut noch wettergegerbter, doch von der ruppigen Strenge, die ihm nachgesagt wird, habe ich anläßlich meines Besuches nichts gemerkt.

Jede noch so unbedingte Aussage wird von einem grimmig-belustigten Lachen der Augenwinkel begleitet. Vielleicht ist der zähe Winzer abgeklärter geworden angesichts des Generationenwechsels, der mit Sohn Roberto bevorsteht. Vielleicht weiß er aber auch ganz einfach um die Güte seiner Gewächse, die sich anderem verdanken als dem Rumor der Welt – zum Beispiel den Launen der Natur.

Derartiges Urvertrauen fließt einem natürlich aus den Wurzeln zu. Und die gründen bei Giovanni Conterno tief in der Langhe und in der Tradition der Weinherstellung. Er stammt aus dem selben Zweig der in Monforte angesiedelten Conterno-Familie wie Bruder Aldo. Baute dieser nach der Trennung die »Poderi Aldo Conterno« auf – und eignete sich dabei vielleicht auch etwas mehr Flexibilität und Aufgeschlossenheit an –, so konnte jener den Betrieb unter dem klingenden väterlichen Namen »Azienda Vitivinicola Giacomo Conterno« weiterführen und damit auch den Inbegriff des großen Barolo, den Monfortino, in der bewährten Manier weiter anbieten.

Womit nicht gesagt sein will, Giovanni habe sich auf Lorbeeren ausgeruht. Die zwei wohl wichtigsten Veränderungen betreffen Reben und Keller. Zum einen wurde Mitte der siebziger Jahre auf die Erzeugung von Wein aus eigenen Trauben umgestellt. Der Rebberg, der das ermöglichte, heißt Francia und liegt im Süden von Serralunga, nahe der Grenze zu Roddino, wo das Anbaugebiet des Barolo endet. In den achtziger Jahren konnten die 15 Hektar gekauft werden, 13 davon werden zurzeit bewirtschaftet. Zum andern wurde in Monforte unweit des Zentrums eine neue, großzügige Kellerei gebaut, in der im weiten Raum die großen, ehrfurchtgebietenden Holzfässer friedlich vereint mit blitzenden, computergesteuerten Stahltanks stehen, und auch äußerlich sichtbar gemacht wird, was eigentlich selbstverständlich sein sollte: Daß kein auch noch so der Tradition verpflichteter, intelligenter Winzer heute auf ein Minimum an neuen Erkenntnissen und neuem Vinifikationsmaterial verzichten kann.

Der mit Barbera, Dolcetto, Freisa und Nebbiolo bestockte, steil nach Westen und Südwesten fallende und etwas ungeschützt Wind und Wetter ausgelieferte Rebberg erlaubt Giovanni Conterno die kompromisslose Verwirklichung seiner Qualitätsphilosophie. Diese besteht neben der rigiden Winzerarbeit – Düngung nur bei einer Neupflanzung, kein Einsatz von Isektiziden und Herbiziden, Kupfersulfatlösung als einziges Spritzmittel gegen Pilzbefall, strenger Schnitt und großzügige Behangregulierung – in einer beispiellosen Selektionspraxis: 1975, 1976 und 1977 wurde aus qualitativen Gründen überhaupt kein Wein abgefüllt; 1981 und 1984 gab es keinen Barolo. Bedenkt man dazu noch wetterbedingte Katastrophen wie 1986 und 1989, als ein Hagelsturm die Trauben beschädigte und zu einem erneuten Ausfall der Baroloproduktion führte, so versteht man vielleicht die hohen Preise, die Giovanni Conterno fordert – und auch erhält.

Im Keller arbeitet er nicht nach starren Rezepten. Jeder Jahrgang besitzt seine eigenen Gesetze, und die gilt es intuitiv zu erfassen, will man den bestmöglichen Wein erzeugen. Natürlich gibt es einige Regeln, die zu beachten sind: verhältnismäßig lange Maischegärung bei untergedrücktem Tresterhut (cappello sommerso) und kontrollierter, eher tiefer Temperatur – zwölf bis 15 Tage bei 25/26 Grad Celsius (Dolcetto), 27 Grad (Barbera); bzw. um die dreißig Tage bei 27/28 Grad beim Barolo Cascina Francia –; langer Faßausbau in großen Holzfässern – drei bis vier Jahre für den »normalen« Barolo –, weder Schönung noch Filtration. Das Ergebnis sind stets – selbst beim Dolcetto – kräftige, konzentrierte, robuste Weine, die ihr gerütteltes Maß an Frucht, Säure, Tannin und Alkohol haben und eine gewisse Zeit der Flaschenlagerung erfordern.

Nicht viel anders – nur noch etwas ausgeprägter Holzausbau – verhält es sich beim monumentalen Monfortino, jenem Gewächs , das viele Jahrzehnte als Barolo schlechthin galt, in den siebziger Jahren vielleicht nahezu anachronistisch wirkte, nach moderater Renovation aber in den Achtzigern wieder mit der alten Unwiderstehlichkeit jeden schüchternen Einwand geradezu wegfegt. 1920 von Giovannis Großvater erstmals erzeugt, bestand er ursprünglich aus einer Auswahl der süßesten, konzentriertesten Trauben des ganzen Barolo-Anbaugebiets. Wer den Conternos Trauben für den Monfortino verkaufen konnte, war ein Glückspilz: Die Auszeichnung rief sofort andere Zukäufer auf den Plan. Die Ernte war schnell ausverkauft. Die Trauben lagen dann wochen-, ja monatelang auf der Maische. Der widerborstige Saft brauchte Jahre des Holzausbaus, um die harsche Tanninausbeute etwas zu glätten; zehn bis 15 Jahre waren keine Seltenheit. Bei dieser atemberaubenden Bereitungsart versteht sich von selbst, daß nur außergewöhnliche Jahre ein Traubengut hervorbringen, das diese Strapazen erträgt. So wurde der Monfortino in den vergangenen dreißig Jahren bloß zwölfmal – nämlich 1961, 1964, 1967, 1970, 1971, 1974, 1978, 1982, 1985, 1987, 1988, 1990 – erzeugt, und sogar diese Vorsichtsmaßnahme konnte nicht verhindern, daß der Wein sich im Glas auch schon mal deutlich oxydativ präsentierte und ein zarter Essigstich die Nase kräuselte.

Doch seitdem die Trauben des Monfortino ausschließlich aus der Lage Francia in Serralunga stammen und der exzessiven Vinifikation etwas die Spitze gebrochen wurde – Reduktion der Gärung/Mazeration auf 35 Tage, Durchführung der anfänglich noch stürmisch verlaufenden Fermentation (Temperatur von bis zu 35/36 Grad Celsius) bei kontrollierten 27/28 Grad), sechs bis sieben Jahre Ausbau in den slowenischen Eichenfässern –, sind diese Mängel praktisch verschwunden. Gerade die 1982er und 1985er überraschen bei aller Kraft und Tiefe mit einer unerwarteten Frische, die dem Wein auch gute Prognosen für eine weiterführende Lagerung in der Flasche stellen lassen. Und der 1987er – vom brillanten 1990er natürlich ganz zu schweigen – verblüfft mit einem jahrgangsuntypischen Extraktreichtum von mindestens 33 Gramm pro Liter. Giovanni Conterno wurde da für das Pech von 1986 entschädigt: Des hagelbedingten Ausfalls im Vorjahr wegen reiften die Trauben in diesem schwierigen Jahr früher, so daß ihnen der Regen im Herbst nichts mehr anhaben konnte. 1994 wird er voraussichtlich auf den Markt kommen und mittels seiner dicht strukturierten, mundfüllenden, attakkenreichen Art erneut eine Lanze brechen für einen Barolo, der jenseits aller Dispute über Chancen und Grenzen eines wie auch immer gearteten Traditionalismus klassisch gefertigt ist und klassisch schmeckt.

Angelo Gaja
Der Schutzengel der Langhe

Der Weg zu Angelo Gaja im Hügeldorf Barbaresco führt durch eine menschenleere Hauptstraße, deren städtisch anmutender Name Via Torino schlecht zum ländlich-verschlossenen Leben paßt. Steht man endlich vor einem massiven, elektrisch betriebenen Eisentor und hat sich den Zutritt zum Weingut über eine Gegensprechanlage erbeten, wähnt man sich vollends im Bannkreis einer abweisenden Dorfgemeinschaft. Wenn dann allerdings Eintritt gewährt wird und der berühmte Mann zur energischen Begrüßung herbeieilt und einen mittels seiner Aura gefangen nimmt, verflüchtigt sich die leise Beklemmung, macht Erstaunen Platz: Überraschung über die eigentümliche Spannung zwischen Angelo Gajas weltberühmtem Namen und der in sich gekehrten Provinzialität des Landes, in dem seine Erfolgsgeschichte wurzelt.

Angelo Gaja wurde 1940 in eine im 17. Jahrhundert aus Spanien eingewanderte Familie geboren, die bereits seit drei Generationen Wein erzeugt und sich damit übers Piemont hinaus bekannt gemacht hatte. Begründer des Weinguts war 1859 ein Gaja namens Giovanni. Sein Wein wurde damals hauptsächlich in der familieneigenen Osteria del Vapore, einem Dorftreffpunkt und Krämerladen in Barbaresco, ausgeschenkt. Giovannis Sohn Angelo – die Namen Giovanni und Angelo werden in der Familie Gaja jeweils abwechselnd auf die nächste Generation übertragen – verheiratete sich 1905 mit Clotilde Rey, einer Frau von starker Persönlichkeit, die dem Weingut fortan ihren Stempel aufdrückte und es energisch auf Qualitätskurs brachte. Sie prägte dank ihrer Integrität und Selbstdisziplin sowohl ihren Sohn Giovanni als auch den

Enkel Angelo, den sie schon früh auf seine kommende Aufgabe vorbereitete und dem sie auch in prophetischer Voraussicht einimpfte, was als Lohn für eine tadellose Arbeit winken würde: Geld, Ruhm und Hoffnung. Geld, da sich mit der Erzeugung von überdurchschnittlich gutem Wein genug verdienen lasse, um ohne materielle Sorgen leben zu können. Ruhm, weil er sich durch sein Wirken und die Verfolgung seiner Vision über die engere Heimat hinaus bekanntmachen würde. Hoffnung schließlich, die ihn wie ein guter Stern begleiten werde, da er sich ja der steten Verbesserung verschrieben und damit immer ein Ziel vor Augen habe.

1961 begann der junge Angelo, sich im elterlichen Betrieb nützlich zu machen. Ein Diplom der Weinbauschule Alba hatte er bereits in der Tasche, ein Ökonomiestudium an der Universität Turin sollte parallel zu diesem ersten Engagement noch folgen. Der Barbaresco seines Vaters – von Kellermeister Luigi Rama bereitet – gehörte schon damals zu den besonderen Weinen Italiens und löste einen höheren Preis als die Weine der Nachbarn. (Die Barbareschi von Gaja der Jahrgänge 1958, 1961 und 1964 zählen noch heute an internationalen Auktionen zu den gesuchtesten und teuersten italienischen Gewächsen.)

Die Veränderungen, die Angelo allmählich mit Bedacht und systematischer Zielstrebigkeit am väterlichen Wein vorzunehmen anfing – seit 1970 unterstützt ihn dabei mit vergleichbarer Leidenschaft der einige Jahre jüngere Önologe Guido Rivella, und seit 1976 steht ihm seine Frau Lucia unermüdlich zur Seite –, gingen mächtig über das bei einer Generationenablösung gewohnte Maß hinaus. Der Prozeß zog sich über Jahre hin, riß – inzwischen allerdings längst verheilte – Wunden ins familiäre Zusammenleben und zeugt neben der großen Weitsicht auch von einer gehörigen Portion Eigensinn.

Wenn man Angelo Gaja heute im Gespräch beobachtet – sofern einem dieses Abstandhalten bei der nie nachlassenden, herausfordernden Präsenz des Mannes überhaupt gelingt –, verraten seine Ausdrucksweise, seine Körpersprache einiges von dieser scheinbar unerschöpflichen Energie. Es ist ein ewiges Gestikulieren. Ein Fingerschnippen bringt die Aussage auch optisch auf den Punkt. Ein gebärdenreiches, kraftvolles Untermalen der Argumente begleitet den Redefluß, die Stimme schwillt dramatisch an, wird sporadisch unterbrochen von einem leicht scheppernden Lachen. Alles vollzieht sich in einem atemberaubenden Tempo, und obwohl man zu fühlen meint, wie den Mann tausend Dinge auf einmal umtreiben, verblüfft einen stets von neuem die Absolutheit, mit der er sich dem jeweiligen Gesprächsgegenstand widmet.

Will man Gajas Arbeit an seinem Paradewein Barbaresco in ein Bild fassen, drängt sich ein auch schon anderswo gelesener Vergleich auf: Das Bild vom Ingenieur und seiner Maschine. Die Maschine ist der Wein. Zwar durchaus funktionstüchtig, erscheint sie dem neu die Stelle antretenden Ingenieur dennoch renovationsbedürftig. Element für Element baut er sie auseinander, reinigt und poliert, ersetzt schadhafte Teile. Schließlich fügt er alles wieder zusammen. Die neue Maschine gleicht in ihrem Ebenmaß der alten, traditionellen. Nur strahlt und glänzt alles wie am ersten Tag. Die einzelnen Teile greifen glatt und geschmiert ineinander. Der Apparat scheint moderner, besitzt sozusagen eine weit stärkere Verführungskraft, hat aber die gewohnte Solidität behalten.

Übertragen auf die Erzeugung des Barbaresco, lassen sich folgende Etappen des Gaja'schen Revisionsunternehmens skizzieren: Gleich am Anfang der Arbeit auf der väterlichen Domäne wurden zwei entscheidende Neuerungen eingeführt: Die Reben wurden um die Hälfte kürzer – auf acht bis zehn Knospen pro Rebschenkel – geschnitten, was den Ertrag zwar sinken, die Fruchtkonzentration indes steigen läßt, und man verzichtete auf die Produktion von Weinen aus zugekauften Trauben und beschränkte sich auf die Ernte aus den eigenen Rebbergen.

In den Jahren 1967, 1970 und 1978 kamen die Trauben der drei besonders exquisiten Weinberge des Gutes, Sori San Lorenzo (3,2 Hektar), Sori Tildin (3,8 Hektar) und Costa Russi (4,1 Hektar) erstmals gesondert in die Kelter. Die Idee des Cru wurde in die Praxis umgesetzt – und vermochte auf Anhieb zu überzeugen: Der Nebbiolo läßt ja die Eigenart des spezifischen Bodens im fertigen Wein so deutlich erkennen wie vielleicht nur noch der Pinot noir oder Riesling. Stets wird daneben aber auch ein Standard-Barbaresco erzeugt, dessen Trauben aus 14 verschiedenen Rebbergen in Barbaresco und Treiso stammen und, wie es immer üblich war, zusammen vergoren werden.

Im Verlaufe der sechziger und siebziger Jahre wurde zunehmend erfolgreich mit der Barrique experimentiert: Damit der Wein aber vom frischen Eichenholz nicht entstellt wird, läßt Gaja die gröbsten Holztannine zunächst mittels Wasserdampf auslaugen; dann kommen die Barbareschi – wie auch der Barbera Vignarey (der Name des Rebbergs stellt eine Hommage an die Großmutter dar), der Dolcetto Vignabajla, der Nebbiolo Vignaveja und die Weine aus den gebietsuntypischen Rebsorten Cabernet Sauvignon und Chardonnay (von denen noch die Rede sein wird) – je nach Jahrgangsqualität für vier bis acht Monate in die dergestalt präparierten Eichenfäßchen, bevor sie, etwas weicher und geschmeidiger geworden, in den traditionellen slowenischen Holzfässern und in der Flasche ausreifen. Gaja geht es bei diesem Prozedere – mit Ausnahme vielleicht des naturgemäß gerbstoffarmen Barbera – nicht um die Anreicherung der

Weine mit zusätzlichem (Holz-)Tannin, sondern um die oxydative Reifung. Mit dem Jahrgang 1978 kam der erste gelungene Barbaresco dieser neuen Ausbauart auf den Markt. Wenn heute in der Langhe kaum mehr ein Weinkeller ohne ein paar dieser Reifebehälter zu finden ist, darf das Gaja und seiner Pionierarbeit zugeschrieben werden. (Solange es nur wenige sind, die ähnlich subtil damit umzugehen vermögen und deren Weine den Holzton ähnlich gut integrieren, will ich in diesem Zusammenhang allerdings nicht von »Verdienst« schreiben. Nur den Besten gelingt es, den anfänglich noch deutlich bemerkbaren Eichengeschmack mit zunehmendem Alter des Gewächses gleichsam selbst zum Verschwinden zu bringen.)

Der Gärung schließlich wurde kontinuierlich größere Aufmerksamkeit geschenkt. Fermentation im Stahltank (drei bis vier Wochen beim Barbaresco, womit sich Gaja – aufgeklärter Traditionalist, der er in Wahrheit ist – in diesem Punkt eher an der herkömmlichen Weise orientiert), regelmäßiges Umwälzen der Maische – all das dient dazu, eine intensivere Farbe und Frucht und weniger hartes, aggressives Tannin zu erhalten. Seit dem Jahrgang 1985 holt er hier wohl das Maximum heraus.

All diese Veränderungen haben Angelo Gajas Barbareschi zum Funkeln verholfen. Teuer wie Preziosen werden sie auch gehandelt. Gaja vergleicht das Qualitätspotential der besten Lagen des Piemont, aber auch seine skrupulöse Hingabe an jedes noch so kleine Detail im Rebberg und im Keller, selbstbewußt mit dem Renommee und der Produktion der großen Gewächse des Bordelais. Bei vergleichbarem Aufwand besteht er, der begabte Verkäufer, auf gleichem Ertrag.

Zum direkten Vergleich mit den großen Weinen der Welt werden sich die Gewächse aus dem Nebbiolo allerdings nie eignen. Dazu sind sie zu einzigartig, zu unvergleichbar. Um der Welt aber die

Großartigkeit des heimatlichen Terroirs mit einem gleichartigen Produkt zu beweisen, verfiel Gaja darauf, es selber mit Exponenten des internationalen Kults zu versuchen: In den späten siebziger Jahren bepflanzte er beste Lagen mit Cabernet Sauvignon und Chardonnay – und sah sich später auch da in die Rolle des Pioniers versetzt.

Der Erfolg gab ihm Recht. Mit beiden Weinen vermochte er sich in den vergangenen Jahren in vergleichenden Blinddegustationen regelmäßig vorne zu plazieren. Der Chardonnay Gaia & Rey – der Name gedenkt der Großmutter und seiner älteren Tochter – stammt aus einem 3,6 Hektar großen Rebberg in Treiso. Wenn Gaja einmal dazu bemerkte, er wolle damit irgendwo zwischen einem Montrachet der Domaine Romanée Conti und einem Chardonnay Reserve von Robert Mondavi landen, will das heißen, daß er eine Synthese zwischen dem Burgund und Kalifornien anpeilte. Aus beiden Gegenden übernahm er Vinifikationselemente: eine vorgängige »macération pelliculaire« und die alkoholische Gärung im rostfreien Stahltank – die malolaktische passiert dann in den Barriques – aus Kalifornien, die Gärung mit wilden Hefen und das längere Liegenlassen des Weins auf dem Bodensatz aus dem Burgund. Das Resultat ist ein komplexer, tiefer Wein, der – bis auf den allzu üppigen 1985er – Körper mit Finesse verbindet. Ein zweiter, weniger lang im Holz ausgebauter, etwas leichterer und filigranerer Chardonnay kam mit dem Jahrgang 1988 erstmals auf den Markt. Er heißt Rossj-Bass, wächst in zwei Lagen in Barbaresco und erinnert im ersten Teil seines Namens an Gajas zweite Tochter Rossana.

»Darmagi« nennt sich der Cabernet Sauvignon. Die Lage befindet sich direkt unterhalb Gajas Wohnhaus in Barbaresco und war zuvor mit Nebbiolo bestockt. Giovanni Gaja verstand die Welt nicht mehr, als sich sein Sohn an die Neubepflanzung machte. Sein Kommentar »darmagi« – im piemontesischen Dialekt: »welche Verschwendung!«, »wie schade!« – läßt sich heute auf dem Etikett des Weins allerdings nur noch ironisch verstehen. Die spezifische Herausforderung beim Darmagi bestand darin, den Wein aus hundert Prozent Cabernet Sauvignon zu bereiten, ohne der Gefahr der Eindimensionalität zu erliegen. Denn Gaja ist – wiederum ein Indiz für seinen großen Respekt vor der Tradition – ein vehementer Verfechter eines piemontesischen Brauchs der Reinsortigkeit. Er lehnt für seine Heimat die Assemblage, wie sie etwa das Bordelais oder auch die Toskana praktizieren, ab und weigert sich deshalb auch, die Mode Barbera-/Nebbioloverschnitte im Stile eines Arte, Monpra, Pin oder Vignaserra mitzumachen.

Wie sehr es ihm bei dieser Arbeit mit gebietsuntypischen Sorten ums Experiment und um eigentliche Public Relations für die Langhe ging – im neu einfallenden Licht erstrahlen ja auch die Lieblingskinder heller –, beweist sein vorläufig letzter großer Coup: 1988 gelang ihm der Kauf von 28 Hektar in der Lage Marenca e Rivette in Serralunga. Renato Ratti bewertet in seinem Versuch einer Lagenklassifikation Marenca e Rivette im Herzen des Barolo als stolzen Grand Cru und zählt ihn zu den besten zehn Prozent des ganzen Anbaugebiets. Noch Angelos Vater pflegte daraus Trauben für einen hauseigenen Barolo zu kaufen. Im Herbst 1993 werden die beiden Jahrgänge 1988 und 1989 voraussichtlich gemeinsam auf den Markt kommen. Der Wein wird den Namen »Sperrs« tragen – ein Dialektausdruck aus der Langhe, der soviel wie Sehnsucht oder Heimweh (nach dem Barolo) bedeutet. Geplant sind maximal 60 000 Flaschen pro Jahr, was den Ausstoß der Azienda Agricola Gaja auf insgesamt runde 300 000 Flaschen jährlich erhöhen wird. Nicht nur die Weinfreunde der ganzen Welt warten natürlich auf diese Premiere. Die heimische Konkurrenz ist vor allem hochgespannt, wie sich Gaja auf diesem ihm neuen Parkett bewegen wird. Barolo aus Serralunga gilt als besonders sperrig und streng. Daß es Gaja gelingen wird, ihm seinen unverwechselbaren Stempel von Eleganz und Finesse aufzudrücken, darf vermutet werden. Daß sich der Wein von Beginn weg in den obersten Preisgefilden aufhalten wird, darf dagegen als sicher gelten.

Doch die Zeiten, in denen italienische Weine mit billigen Weinen kurzgeschlossen werden, gehören ohnehin der Vergangenheit an. Die großen Weine Italiens finden sich heute bestens plaziert auf der Weinkarte der Welt. Das ist auch Angelo Gajas Verdienst. Er zeichnet dafür mit der Brillanz seiner eigenen Weine verantwortlich. Und mit seinem Auftreten rund um den Erdball, stets in großzügiger und verschwenderischer Manier: Als begnadeter Kommunikator, der Kränkungen wie den sprichwörtlichen Chauvinismus der Franzosen – der fremde Weine nur mit einer an Ignoranz grenzenden Herablassung zur Kenntnis nimmt – wegsteckt und immer wieder undogmatisch auf dem Vernünftigen und Guten insistiert, hat er ein breites Weinpublikum nicht nur zu seinen, sondern auch zu den Spitzencrus anderer Piemonteser, ja italienischer Winzerkollegen verführt. Seine – nicht unumstrittene – Preispolitik ebnete vielen anderen den Weg zu gerechteren Preisen. Die Preise, die er verlangt und bis jetzt auch erhalten hat, haben tatsächlich die Schallgrenze erreicht. Beklagenswert und wohl auch kontraproduktiv wäre, wenn sich Gaja-Weine in Zukunft nur noch Spesenritter und gutbetuchte Etikettentrinker leisten könnten, und wenn diejenigen, die ihren Wert auch zu erkennen vermögen, mit einem verlegenen Achselzucken daran vorbei gehen müßten.

Ist diese Schrittmacherrolle der Grund, daß man in den Winzerkreisen des Piemont nur Gutes über ihn hört? Jede große Person hat doch ihre Neider... Vielleicht liegt es daran, daß ihm der Erfolg nie in den Kopf gestiegen ist. Daß er sich zusammen mit seiner fabelhaften Frau Lucia, den beiden Töchtern Gaia und Rossana und dem Nachzügler Giovanni nirgends so wohl fühlt wie in der heimatlichen Langhe, deren Dialekt er pflegt und deren einmalige Produkte wie Haselnüsse, Käse und weiße Trüffel er enthusiastisch lobt und am liebsten in einfachen Restaurants wie der Dorftrattoria von Barbaresco genießt. Vielleicht aber liegt seine Beliebtheit ganz einfach auch nur in seinem Namen – »Angelo« – begründet, denn ein Engel, ein Schutzengel des Piemont, ist er zweifelsohne.

▲ Mauro Mascarello ▼ Luciano Sandrone

▲ Enrico Scavino ▼ Roberto Voerzio

Mauro Mascarello
Ein Leben im Zeichen des Monprivato

Schon die abseits, am südwestlichen Rand des Anbaugebiets liegende Kellerei in Monchiero signalisiert es: Mauro Mascarello – die Nennung des Vornamens ist bei diesem Nachnamen notwendig; zuviele Mascarellos erzeugen im Piemont Wein von unterschiedlichster Güte – ist ein Einzelgänger unter den Barolista. Sodann ist es der von außen an ein Magazin oder eine Garage erinnernde, im Innern den Odem einer vergangenen Zeit bewahrende Keller, der sich nicht ins Gewohnte fügen will. Und schließlich erweckt der ernst und asketisch wirkende Mann mit dem etwas stechenden Blick und der eigensinnig-scheuen Zurückhaltung, die sich, hat er Vertrauen gefaßt, in verhaltene Herzlichkeit wandelt, selbst diesen Eindruck eines Eigenbrötlers. Eines Einzelgängers freilich, der von allen Winzerkollegen respektiert wird, denn mit dem Wein aus dem Rebberg Monprivato erzeugt er einen der allerbesten Barolo weit und breit.

Seine Familie ist mit diesem Hügelrücken in der Gemeinde Castiglione Falletto verbunden wie die weiße Trüffel mit dem langarolischen Boden. Sie gewinnt daraus ihre ganz eigene Würze. 1904 kaufte Mauros Großvater Maurizio in Monprivato Land und ein Bauernhaus. Die Lage besaß schon damals einen exzellenten Ruf. Heute besitzt sie dank der unverwechselbaren Typik ihrer Weine, die wohl auf Terroir (schlick- und tonhaltiges Kalkgestein, reich an Spuren von Bor, Eisen und Mangan) und Mikroklima (windgeschützte Südwestexposition) zurückzuführen ist, den Status eines echten Grand Cru. Der Ertrag von Monprivato bildete stets das Rückgrat der familieneigenen Baroloproduktion. Daneben wurden aber immer fremde Trauben zugemischt. Die erste reine Lagenabfüllung besorgte mit dem Jahrgang 1970 Mauro, der den inzwischen in Monchiero domizilierten Betrieb 1967 vom Vater übernommen hatte.

Von Anfang an setzte Mauro Mascarello alles daran, in den Alleinbesitz von Monprivato zu kommen. Er ist von diesem Hügel besessen, pflegt jeden einzelnen Rebstock mit der Hingabe und dem Fleiß eines skrupulösen Handwerkers. 1985 konnte er ein großes Stück Rebland von Violante Sobrero übernehmen, einem der legendären Weinbauern des Dorfes, der sich mangels Nachfolge zur Ruhe gesetzt hatte. Später kamen noch vereinzelte Parzellen dazu. Heute besitzt er 5,5 Hektar und hat damit sein Ziel praktisch erreicht. 30000 bis 40000 Flaschen – ein Teil der Parzellen ist neu beflanzt worden – sollten je nach Klimaverlauf des Jahres dereinst einmal verfügbar sein.

Diese Obsession speist sich aus zwei Quellen: zum einen aus der unumstrittenen Klasse der Lage, zum andern aus Mascarellos Überzeugung, daß große Rotweine im Rebberg gemacht werden. Der Monprivato gibt ihm die Möglichkeit, die Richtigkeit der These stets von neuem zu beweisen. Das will natürlich nicht heißen, daß im Herbst die eingebrachten Trauben den Wein gleichsam von selbst machen, und daß der Vinifikation und dem Ausbau wenig Beachtung geschenkt werden müßte. Das will nur heißen, daß aus gutem Lesegut die Bereitung eines guten Weins möglich ist, aus schlechtem dagegen immer nur ein schlechter Wein wird.

Mauro ist sicherlich ein ebenso gewiefter Interpret seiner Trauben. An der Funktionstüchtigkeit des hohen, verwinkelten Kellers könnte man zwar zunächst zweifeln: Stets herrscht dämmerndes Zwielicht; den Wänden entlang und im Raum verstreut stehen Zementtanks und die unterschiedlich großen slowenischen Holzfässer, davor immer eine ganze Batterie von Damigiane, jenen bauchigen

50-Liter-Glasbehältern, in denen der Barolo oft vor der Flaschenabfüllung ruht. Alles wird überragt von einem trübe beleuchteten, glasgefaßten Kabäuschen, in dem meist eine Schreibmaschine klappert und irgendwelchen Papierkram absondert. Doch Mauro hat die Sache jederzeit im Griff. Wieselflink eilt er von einem Behälter zum andern und findet stets, was er einem als neue Faß- oder Tankprobe kredenzen will, auch wenn er zwischendurch gar abzustürzen droht von einer der Klettertauglichkeit voraussetzenden Leitern.

Die Weinbereitung geschieht nach einfachen, herkömmlichen Richtlinien, ist bar jener Geheimnisse, die der Keller zu bergen scheint. Drei bis vier Wochen temperaturkontrollierte Gärung und Mazeration mit untergetauchtem Tresterhut, langsame Milchsäurefermentation bis weit in den nächsten Sommer hinein, mindestens drei Jahre Ausbau in traditionellen Holzfässern und ein Jahr im Tank mit regelmäßigen Abstichen, bei denen die Behälter jeweils peinlich genau gesäubert werden. Kaum zu glauben, daß Mauro nach der Betriebsübernahme kurzzeitig mal von revolutionären Gedanken angewandelt wurde: Er reduzierte in den ersten Jahrgängen der siebziger Jahre die Maischegärung auf fünf bis sechs Tage. Die Resultate vermochten ihn aber dann doch nicht zu überzeugen, und bald wandte er sich wieder dem gewohnten Brauch zu.

Diese handwerkliche, im Rebberg keine Kompromisse eingehende und im Keller ohne Schnickschnack auskommende, aber stets auf absolute Sauberkeit bedachte Methode steht auch Mauros anderen Weinen aus eigenen und gekauften Trauben Pate. So etwa dem Roero San Rocco, dem – kräftigen – Dolcetto Corsini, dem Barbaresco Marcarini, dem – leichteren, eleganteren – Barolo Villero, der nach erfolgter Neupflanzung ab 1991 wieder erhältlich sein wird. Und besonders natürlich dem ebenfalls noch als Junganlage heranwachsenden

Barbera und dem mächtigen Barolo aus der Monforte-Lage Santo Stefano di Perno, wo sich Mauro mit 3,5 Hektar eingekauft hat.

Nur, so teuer ihm alle diese Zöglinge sind – Lieblingskind bleibt der Monprivato, dem er überall noch ein Quentchen mehr Aufmerksamkeit schenkt. Der enorm stoffreiche, muskulöse Wein mit der typischen Lakritz- und Kümmelnote und dem reichen, stets aber eleganten Tannin weiß es allerdings auch zu danken. Mit seinem herausragenden Charakter und seiner großen Zuverlässigkeit – Jahr für Jahr.

Luciano Sandrone
Der schöne Traum vom eigenen Wein

Wer in Barolo – dem Dorf, das dem Wein den Namen gegeben hat – aufwächst, am liebsten in den Reben arbeiten und aus herbstlich-prallen Trauben den eigenen Wein keltern würde, ist zu beneiden, wenn die familiären Besitzverhältnisse die Verwirklichung des Traums zulassen. Stammt er jedoch aus einer Familie ohne Rebeigentum und Winzertradition, so bleibt ihm nichts anderes übrig, als in einer der Kellereien des Orts seiner Leidenschaft zu frönen. Das größte Weinunternehmen von Barolo heißt »Marchesi di Barolo«. Es geht zurück auf die adlige Familie Falletti. Ihr gehörte einst fast alles Land. Der klugen Marchesa Giulia und ihrem französischen Önologen Oudart verdanken wir einen Wein, der in direkter Linie mit dem heutigen Barolo verwandt ist. Bekommt man die Chance, in diesem Betrieb als Kellermeister zu arbeiten, packt man sie, denn sie ist zweifellos interessant und lehrreich. Aus Traubenmaterial unterschiedlichster Güte gilt es Weine herzustellen, die von vorneherein auf einen breiteren Markt zielen, eine gewisse Preislimite nicht überschreiten, eine bestimmte Qualitätsgrenze nicht unterschreiten dürfen. Man erfährt da praktisch tagtäglich, was am Anfang eines gelungenen Weins steht – die Unversehrtheit und Klasse der Materia prima – und entwickelt verschiedene Interpretationsmuster im Umgang mit ihr. Stets aber hegt man den Wunsch, es einmal mit eigenen Trauben zu versuchen, für einen Wein, der den eigenen Namen auf dem Etikett trägt. Bietet sich einem im Verlaufe dieser Angestelltenkarriere unverhofft die Gelegenheit, dieses Stück Rebland in bester Lage zu erwerben, greift man mit Sicherheit zu und tut damit den ersten Schritt in die Selbständigkeit.

Luciano Sandrone, der zu dieser Entwicklungsskizze Modell stand, kaufte sich 1977 – damals Kellermeister bei den Marchesi di Barolo – mit zwei Hektar in Cannubi Boschis ein, erzeugte 1978 seinen ersten Barolo und verabschiedete sich 1990 endgültig von seinem Arbeitgeber, um fortan nur noch für den eigenen Wein Verantwortung zu tragen. Im Verlaufe dieser 13 Jahre passierte, was dem zurückhaltenden Winzer noch heute nicht ganz geheuer ist: Er wurde vom Nobody zum Star. Und wenn sich die Weintouristen inklusive der Medienvertreter im bescheidenen, an der Straße ins Zentrum liegenden Haus die Klinke in die Hand geben, wünscht er sich manchmal wieder in die stillen, dunklen Kellergänge zurück, in denen es ihm noch vergönnt war, in aller Seelenruhe zwischen den großen, alten Fässern zu arbeiten.

Sandrone ist kein Blender. Die Kunst der Public Relations, die es schafft, mittelmäßige Weine in aller Leute Mund zu bringen, ist seine Sache nicht. Sein Renommee wuchs allein der Güte seiner Gewächse wegen, entsprechend gesucht sind sie denn auch. (Die 8000 bis 10000 Flaschen Barolo Cannubi Boschis sind unter ähnlich erschwerten Umständen wie Elio Altares Arborina-Weine erhältlich. – Vielleicht sorgt ein mit dem Jahrgang 1990 erstmals produzierter »normaler« Barolo ab 1994 für Entspannung.)

Seine Philosphie gründet auf Erkenntnissen einer zeitgemäßen, auf die spezifischen Bedingungen der Langhe zugeschnittenen Önologie: Fruchtige, frische Weine mit einer raschen, ersten Trinkreife sind sein Ziel. Gelesen wird so früh, wie es der Reifezustand der Trauben zuläßt. Das Abmahlen erfolgt möglichst schonend. Eine neue Abbeermaschine brachte da ab 1985 sicht- und spürbare Fortschritte. (Beim traubig-weichen Dolcetto gelangt gar ein größerer Teil ganzer, unzerquetschter Beeren in den Gärtank, um nach dem System der im Beaujolais praktizierten Macération carbonique möglichst viel Frucht und Farbe zu gewinnen.) Die Gärung – sie dauert beim Barolo insgesamt eher kurze acht bis zwölf Tage – erfolgt auf eigenem Hefestamm. (Zu diesem Behuf wird eine kleine Partie Trauben 48 Stunden zuvor stark eingeschwefelt. Die Hefen, die diese Behandlung überstehen, sind die resistentesten.) Anfänglich wird der Tresterhut regelmäßig überspült, zum Schluß nur noch gestampft. Der Ausbau erfolgt beim Barolo und Barbera in französischen Eichenfäßchen von 700 Liter Fassungsvermögen. Rund zwei Jahre dauert er beim Barolo. Sandrone beruft sich da auf eine Tradition: 700-Liter-»Carati« hätte es in Barolo und Castiglione Falletto schon immer gegeben, nur seien sie natürlich aus einheimischem Kastanienholz gefertigt gewesen.

Was sich dann zu guter Letzt als Barolo in der Flasche präsentiert, ist ein moderner, konsumfreundlicher Wein, der nichts an Distinktion und Tiefe vermissen läßt. Keine reifebedürftige Härte schreckt den Genußwilligen; die Frucht – anfänglich vom Holz noch verdeckt – zeigt sich reintönig, die Tannine sind kräftig, aber geschliffen, die Struktur ist von beinahe femininer Feinheit. Kurz: ein auf seine Essenz reduzierter, abgespeckter Barolo. Der große Ruf der Lage, selten allerdings gerechtfertigt – zu blaß, zu stumm sind viele der Weine daraus –, dieses Prestige von Cannubi wird bei Sandrones – wie bei Enrico Scavinos – Version nachvollziehbar.

Die zwei gewaltigen Jahrgänge 1989 und 1990 werden Luciano Sandrones herausragende Stellung festigen und Cannubi weitere Glanzlichter aufsetzen. Sicherlich bereut er es dereinst immer weniger, auf die Karte der Selbständigkeit gesetzt zu haben, zumal ihm ab Herbst 1992 sein in der Weinbereitung geschulter Bruder Luca ganztägig zur Hand geht. Der Traum, von dem er die Jugend hindurch verfolgt wurde, hat sich als wahre Erfolgsstory verwirklicht.

Enrico Scavino
Der Weg ist das Ziel

Garbelletto ist kein Ort, wo es einen unbedingt hinziehen würde. Der Flecken im Talgrund zwischen Castiglione Falletto und Barolo brütet im Sommer wie ausgestorben in der Hitze; im Winter dagegen versteckt er sich tagelang im Nebel. Wer die Sonne wieder einmal sehen will, muß schon die nahen Hügel mit ihren nach Südwesten ausgerichteten Weinbergen erklimmen. Nein, Garbelletto würde auch ein neugieriger Reisender nicht beachten, wäre da nicht, einen Steinwurf von der Autostraße entfernt, die Azienda Agricola Paolo Scavino mit ihrem liebenswerten Besitzer Enrico Scavino.

Enrico gehört unverkennbar zum langarolischen Menschenschlag: kräftig gebaut, mit offenem Blick, festem Händedruck und von einer anrührenden Verbindlichkeit. Sein Handeln wirkt bedächtig, bei aller Bescheidenheit und Zurückhaltung aber nie zögerlich. Stets erpicht auf ein unverblümtes Urteil und bereit – so er es für kompetent erachtet –, daraus zu lernen, scheint er sich dennoch seiner selbst gewiß zu sein. Unter der Arbeit auf seinem sechs Hektar großen Betrieb, zu dem auch noch Äpfel- und Pfirsichkulturen gehören, bricht er zwar manchmal fast zusammen. Eine Tagwache von sommers vier Uhr und winters sechs Uhr reicht da kaum, um alles mit der für ihn eigenen Gewissenhaftigkeit zu erledigen. Dennoch findet er immer Zeit für eine Begegnung, und sei es auch mal auf offenem Feld bei der Apfelernte.

Enrico erbte das Weingut von seinem Vater Paolo und machte es in den achtziger Jahren zum wohl feinsten innerhalb der Gemarkung von Castiglione Falletto, zu der der Weiler Garbelletto gehört. Der

Weg, den er zurücklegte, ist reich an Windungen und wird wohl kaum einmal an ein Ende gelangen. Bei meinem ersten Besuch 1985 zeigte er stolz seine frisch installierten Inoxgärtanks, die – damals noch eine Novität – mit einem elektronischen Temperaturregulierungssystem versehen waren. Den Keller hatte er gerade ausgebaut und dabei Nischen für die Flaschenlagerung eingerichtet. Diese waren zwar ziemlich leer, denn ausverkauft waren sowohl sein normaler Barolo wie auch der in geringerer Menge als heute in die Flasche gefüllte hauseigene Cru Bric del Fiasc, Scavinos Spezialität aus der Lage in Castiglione Falletto, die über ein fast unübertrefflich schönes Zusammenspiel von Kraft, Frucht und Eleganz verfügt. Der große, strenge 1982er Jahrgang befand sich noch im Faß, als Experiment reifte eine Winzigkeit davon bereits in Barriques. Scavino ließ Skepsis gegenüber dieser neuen Ausbauart durchblicken, berief sich aber auf den Weinkritiker Luigi Veronelli, der sowohl der Cru- wie der Barriquevinifizierung gegenüber positiv eingestellt war.

Wann immer wir uns danach wieder trafen – sei es auf seinem Gutshof oder auf der Weinmesse »Vinitaly« in Verona –, gab es etwas Neues zu entdecken oder zu diskutieren: Ab Jahrgang 1985 reduzierte Enrico Scavino die Mazerationszeit von einem Monat und mehr auf 14 bis 18 Tage. Dachte er anfänglich, das Ausland als Hauptabnehmer seiner Baroli wünsche einen klassisch gekelterten, tanninreichen, reifebedürftigen Wein, der ganz dem überlieferten Bild eines Monuments entspreche, verwarf er diese Vorstellung im Laufe der Zeit und besann sich auf seine Vorliebe für weniger sperrige, von eleganteren Gerbstoffen getragene Gewächse. Mittlerweile wird nach der Ernte in Scavinos Keller zwei bis drei Tage fleißig umgepumpt, nachher bei ständig niedergedrücktem Tresterhut (Cappello sommerso) 12 bis 15 Tage zu Ende gegärt.

Parallel dazu vertraute er sich mehr und mehr der Barrique und ihrer »tanninpolierenden« Wirkung an. Die Zahl der französischen Eichenfäßchen wuchs zusehends, wobei er im Verlaufe dieses steten Experimentierens Behälter mit einem größeren Fassungsvermögen von 350 bis 500 Liter zu favorisieren begann. Das Verhältnis zwischen dem Volumen des Weins und der Oberfläche, die mit Holz in Berührung kommt, scheint ihm dort für den Nebbiolo ein günstigeres zu sein. Rund zwanzig Prozent seiner zwei Crus Bric del Fiasc und Cannubi (in welcher heißbegehrten Lage er einen halben Hektar pachten konnte) werden inzwischen in Barriques ausgebaut und später mit dem herkömmlich gelagerten Wein gemischt: Eine Gratwanderung, die unversehens in Richtung Eichenholzdominanz kippen kann, wie das beim sonst feinen 1988er Cannubi zu bemerken ist. Ein dritter, 1990 erstmals gekelterter Cru, Rocche di Annunziata aus La Morra, beschloß zu einem Teil gar die Gärung in der Barrique. Die Faßprobe verhieß eine subtile Verbindung von Trauben- und Holzaromen; die Struktur überzeugte, doch für ein verbindliches Urteil wird die Marktfreigabe abzuwarten sein.

Neben der beharrlichen Verfeinerungsarbeit am Barolo – 1986 erlitt sie durch Hagel, 1987 durch allgemein schlechte klimatische Bedingungen während der Erntezeit eine Tempoverlangsamung – pflegte Scavino freilich auch seine anderen Weine: den Dolcetto und den Barbera. Vor allem mit letzterem gelang ihm mit den Jahrgängen 1989 und 1990 ein großer Wurf. Sorgsam in der Barriques ausgebaut, begeistern sie mit einer straffen, kompakten Struktur, einer saftigen Säure und komplexen Aromen von blauen und dunklen Beeren und Holzwürze.

Gefragt nach den tragenden Pfeilern seiner Berufsauffassung, antwortet Enrico nicht anders als seine Freunde Altare, Clerico, Grasso, Voerzio und wie sie (die die mittlere, zurzeit in der breiteren Weinöffentlichkeit besonders aktiv in Erscheinung tretende Winzergeneration der Langhe bilden) auch alle heißen mögen: Ökologisch behutsames Arbeiten im Rebberg, Begrenzung des Ertrags, Verfeinerung der Gärtechnik. Erstes ist dem integren, schollenverbundenen Weinbauern eine Selbstverständlichkeit. Zweites verdeutlichte ihm in den Jahren 1983/84 hauptsächlich Beppe Colla von Prunotto, der ihm im Sommer bei der Rebbergbegehung die Augen für die Wichtigkeit der Behangregulierung und Ausdünnung öffnete. Und der dritte Grundsatz fordert stetes Lernen und Experimentieren und setzt ein besonderes Flair für subtiles Handeln voraus. In diesem Punkt sieht Scavino das größte Verbesserungspotential für die Weine des Piemont brachliegen. Er hat sich daran gemacht, das Feld für sich zu beackern.

Das alles sind entscheidende Etappen im Winzerleben dieses Mannes. In der gerafften Form, wie sie hier dargestellt werden, scheinen sie zufälligen Charakter zu besitzen, dennoch entbehren sie nicht einer gewissen Repräsentativität. Sie zeigen, so hoffe ich, wie sehr Enrico Scavino sich der Qualitätsoptimierung verschrieben hat, und wie sehr dieses Tun immer wieder von neuem in Gang gesetzt werden muß. Der Wein als etwas absolut Geglücktes steht als stete Lockung unerreichbar am Ende. Der Weg dahin wird zum Lebensinhalt – zum eigentlichen Ziel.

Roberto Voerzio
Von Wurzeln und vom Horizont

Roberto Voerzio wird in der Weinberichterstattung regelmäßig als Paradebeispiel eines Modernisten angeführt. Da es ja wohl kaum der nicht gerade traditionell anmutende, graubraun gewirkte Lokkenschopf des 1952 Geborenen sein wird, der derartige Urteile provoziert, und auch nicht das offene, freundliche Lachen in seinen Augen- und Mundwinkeln solche Rückschlüsse zuläßt, muß die Einschätzung in der Art und Weise von Robertos Weinbereitung begründet liegen.

Roberto erzeugt in La Morra seine drei Baroli – den geschmeidigen, eleganten, »französischen« La Serra, den robusteren, tanninbefrachteteren und über mehr Tiefe verfügenden Cerequio und den Brunate, der gleichsam die Synthese der zwei anderen darstellt: ein »Barolo-Barolo« mit Struktur und Eleganz, Feinheit und Finesse – indem er die Maischegärung auf zwölf bis 15 Tage sachte reduziert und den Jungwein sechs Monate in gebrauchten Barriques ausbaut, bevor er ihn für zwanzig Monate in altbewährten Eichenfässern weiter reifen läßt.

Barrique-Vinifikation also, nicht nur bei seinen Königsweinen, sondern auch beim 1991 erstmals produzierten Chardonnay Fossati e Roscaleto, mit dem ihm auf Anhieb ein großer Wurf gelungen ist; beim nicht minder verführerischen Barbera Vignasse, beim Vino da Tavola Vignaserra, einem der besseren Vertreter dieser im Trend liegenden Barbera-Nebbiolo-Mischungen, und beim Nebbiolo Croera-Fossati, zu dem ich allerdings ein Fragezeichen setzen möchte: Seiner reichlich schmalbrüstigen Statur wegen hat er den würzigen Barrique-Tanninen wenig entgegenzusetzen.

Kurze zwei Monate kommt gar der Dolcetto Priavino mit französischer Eiche in Berührung, doch gerade dieser Wein zeigt, wie unscharf das Begriffspaar »Traditionalist/Modernist« eigentlich ist und wie wenig es für eine verständnisstiftende Kategorisierung taugt. Denn Roberto Voerzio begrenzt bei diesem Dolcetto durch strengen Rebschnitt im Winter und Behangregulierung im Sommer den Ertrag auf vergleichbar enorm tiefe 30 bis 40 Hektoliter pro Hektar und tendiert darüber hinaus zu einer Verlängerung der Mazerationszeit. Der Priavino eifert den kräftigen, robusten, ein paar Jahre der Reife bedürftigen Dolcetti im Stil eines Dolcetto der großen Gralshüter wie Giovanni Conterno nach (die leichter verständliche, den italienischen Markt flattierende Version dieses Weins bildet sein Pria S.Francesco Croera) –, ein Typ also, der doch eher als traditionalistisch bezeichnet werden kann.

Nur, derlei Stempel, die meist auch in wertender Absicht angebracht werden – je nach Standpunkt gilt die eine Haltung als gut, die andere als des Teufels –, interessieren Roberto Voerzio herzlich wenig. Weinmachen muß für ihn mit Lebenslust verbunden sein, und die hat sich doch da meist abgemeldet, wo geprüft, gemessen und eingeteilt wird. Voerzio will ganz einfach Gewächse erzeugen, die auch bei einer etwas kosmopolitischeren Weinöffentlichkeit Gefallen finden und die dennoch ihre Individualität behalten haben.

Roberto hat dieses ehrgeizige Ziel heute erreicht, wobei der Erfolg natürlich immer wieder, Jahrgang für Jahrgang, bestätigt werden muß. Der Weg, den er, stets zusammen mit seiner ebenso starken Frau Pinuccia, zurückgelegt hat, war tückisch, und er führte anfänglich – wie so häufig bei dieser Generation von jüngeren, selbstbewußten Winzern – von seiner Familie, dem Vater und dem Bruder, aber nicht von den eigenen Wurzeln weg: Robertos Vater war Bauer, bewirtschaftete auf den sanft geneigten Hängen von La Morra vier Hektaren Rebland, hielt daneben Kälber und zog Obstbäume. Trauben und Wein verkaufte er offen an größere Kellereien. Ihn interessierte der möglichst hohe Erlös; und den erzielte er, wenn er besonders viele Trauben produzierte. Quantität hieß die Losung. Als Roberto nach einem Abstecher in die Industrie – er arbeitete in einem Unternehmen für Elektroventile – wie sein Bruder Gianni in den heimischen Rebberg zurückkehrte, verschrieb er sich der Qualität. Schnitt der Vater im Winter in gewohnter Weise die Reben, kürzte er sie gleichsam auf seinen Spuren nochmals um ein gutes Stück. Statt 16 bis 18 »Augen« ließ er nun zehn »Augen« pro Rebschenkel stehen, was die zu erwartende Erntemenge zwar verringert, ihre Güte freilich steigert. Dem Vater war das Frevel, und auch Gianni mochte später so radikal nicht zu Werk gehen. Der Konflikt mit beiden war programmiert. Er führte zum Bruch, der sich zunächst als quer durch den Keller gezogene Mauer ausdrückte.

Zwei Betriebe, dahinter zwei Philosophien, und das alles unter einem Dach, das konnte natürlich nicht gut gehen. Roberto zog aus und baute sich, von Pinuccia unterstützt, in Fronarbeit mit geliehenem Geld 1988/89 einen auf seine Bedürfnisse zugeschnittenen, mustergültigen Keller. Der Mut wurde von der Natur mit zwei außergewöhnlichen Jahrgängen belohnt. Was Roberto 1989 und 1990 als Barolo einkellerte, was also 1993 und 1994 in der gewohnt auffälligen Ausstattung auf den Markt kommt, wird sein kompromissloses Handeln ein weiteres Mal rechtfertigen. Es werden Weine sein, die – im qualitätsorientierten und naturschonenden Anbau erzeugt, mit Gefühl für die der Rebsorte eigenen Möglichkeiten und die Bedürfnisse eines anspruchsvollen Marktes gekeltert – ihn als großen Barolista einer neuen, auf den alten, bewährten Grundsätzen aufbauenden Schule etablieren: als ein Piemonteser Winzer, der weder »traditionell« noch »modern« arbeitet, sondern den Wurzeln und dem Horizont gleichermaßen verpflichtet ist – ganz wie seine die Stationen des Winzeralltags darstellenden Flaschenetiketten, die der Künstler Riccardo Assom da Villastellone in der Manier einer poppig verfremdeten naiven Malerei verfertigt hat.

Die Vermutung bleibt Spekulation, solange sie nicht in Form der aus der Winzerobhut entlassenen abgefüllten Flasche auf ihre Richtigkeit hin überprüft werden kann. Dennoch wage ich die Prognose: In den beiden bloß durchschnittlichen Jahren 1991 und 1992 – der Regen zur Erntezeit zerstörte berechtigte Hoffnungen auf weitere herausragende Jahrgänge – wird Roberto seinen Höhenflug nicht abbrechen müssen: Beide Male konnte er aufgrund der kompromisslosen Ertragsbegrenzung noch vor dem schädlichen Regen einen ausgereiften Nebbiolo keltern. Weniger Trauben am Stock versprechen eben auch dann den großen Treffer, wenn die Launen der Natur die Winzerei zum Lotteriespiel verkommen lassen.

6. Ein Ausblick

Die Weine des Piemont, vor allem diejenigen aus der Langhe, erlebten in den Jahren seit 1985 einen wahren Boom. Zu einer dramatischen Qualitätssteigerung gesellte sich eine ebenso gesteigerte Nachfrage. Man darf lakonisch feststellen: Die Gewächse der Langhe haben sich auf der internationalen Weinkarte einen prominenten Platz geschaffen.

Hauptverantwortlich für diesen Erfolg sind zunächst einige wenige Weingutbesitzer, die dank ihrer Dynamik und Überzeugungskraft die Blicke der Weinwelt auf sich, auf ihre Gewächse, aber auch auf die Langhe zogen. Sie wurden zum Vorbild für eine ganze Generation junger Winzer, die den Betrieb von ihren traditionsverhafteteren Vätern übernommen und verbessert haben und nun durch ihre neuen, glanzvollen Gewächse das Interesse noch einmal ankurbelten.

Parallel zu dieser höchst erfreulichen Geschichte haben sich auch die Preise für diese Weine entwickelt. Oftmals sind sie dem qualitativen Quantensprung gar vorausgeeilt. Während sich etwa die Spitzencrus aus dem Bordelais in den fünf Jahren von 1985 bis 1990 um gut 100 Prozent verteuerten, waren es bei den roten Gewächsen aus der Langhe 150 Prozent. Natürlich mußten sich die Piemonteser von weiter unten in der Preisspirale hinaufwinden als die Bordelaiser. Und ein Barolo eines Spitzenproduzenten für 40 bis 50 Franken ist einem ähnlich teuren Cru classé durchaus ebenbürtig. Dennoch ist heute der Preis-Zenith erreicht, und man möchte eigentlich aus einer Position der liebenden Sorge um die Piemonteser Weine die Produzenten diesbezüglich um vermehrte Zurückhaltung bitten!

Besonders begünstigt von den zitierten großen Anstrengungen wurden die Weißweine (aus alten Sorten wie Arneis und aus neu angebauten wie Chardonnay), der Dolcetto, die neuen Autorenweine – jene verführerisch guten, aber auch identitätsarmen Verschnitte von zumeist Nebbiolo und Barbera. Sogar der verschriene Barbera vermochte aus seinem selbstverschuldeten Schattendasein ins helle Licht des Erfolges zu treten.

An der Spitze sonnen sich Barolo und Barbaresco. Sie erzielen die höchsten Preise und erregen – zumindest international – das größte Interesse. Eine mächtig um sich greifende Mode der Cru-Vinifizierung hat ihnen sicher zu mehr Ausdruckskraft verholfen. Doch diese Mode droht heute – pointiert gesagt – zu versimpeln. Wenn bald jeder Rebbergflecken auf dem Etikett ausgerufen und mit einem Authentizität vorgaukelnden Dialektausdruck versehen wird, schadet diese Beliebigkeit dem Renommee der wahren Crus aus Lagen, die sich über Jahre hinweg durch eine feststellbare Eigenständigkeit und qualitative Überlegenheit ausgezeichnet haben.

Dazu kommt, daß die allgemeine Wertschätzung besonders einer inzwischen breiter gewordenen Elite gilt. Hinter dieser bleibt aber, in der Anonymität einer wenig aufregenden Durchschnittsqualität, eine weit größere Menge von Barolo und Barbareschi verborgen.

Hier etwas mehr Transparenz und Strukturierung zu schaffen, täte not. Das käme auch dem untersten Segment zugute, das sich an definierten Ansprüchen messen könnte und keine Über- oder Unterschätzung fürchten müßte. Die Lösung läge in einem strengen, kontrollierten Klassifikationssystem. Das Fundament dieser Pyramide würde der norma-

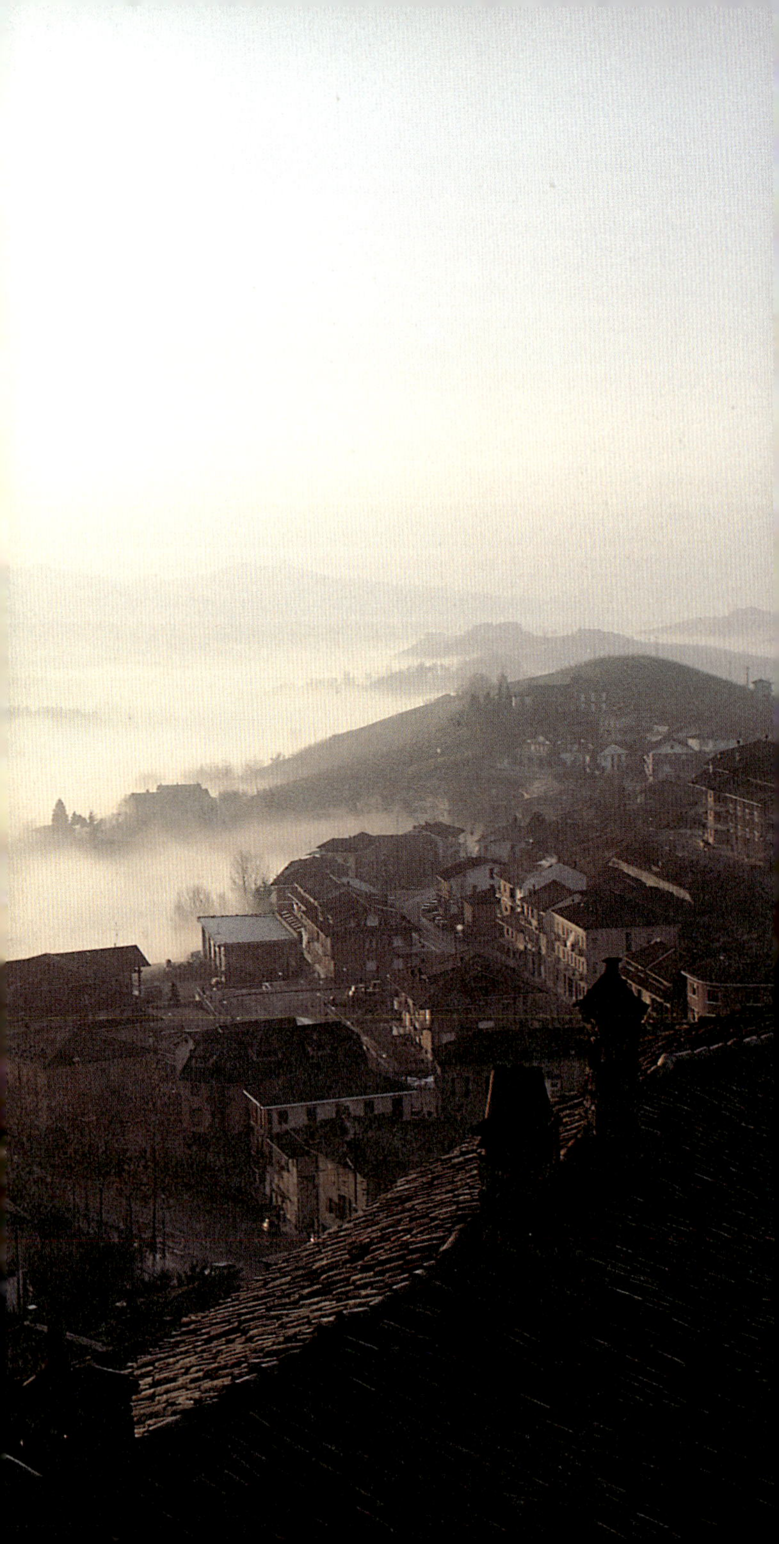

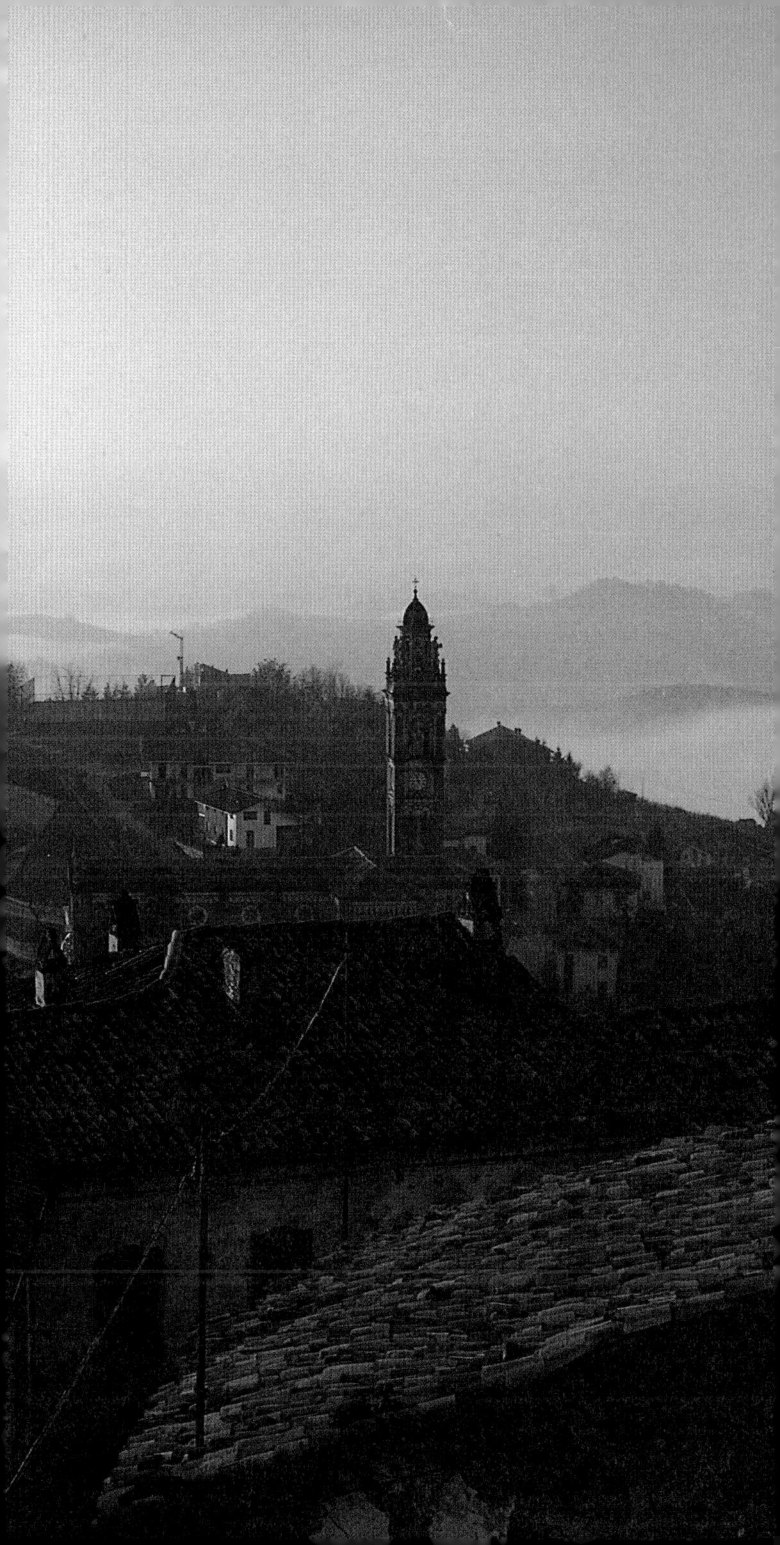

le Barolo oder Barbaresco bilden, meist vermutlich ein Verschnitt von Nebbiolo aus den verschiedenen Teilen des Anbaugebiets. Darüber stände ein Wein mit dem Herkunftsnamen einer Gemeinde. Die Spitze der Pyramide formten die ausgewiesenen, katastermässig erfaßten Crus aus diesen Gemeinden. Ein Beispiel: Barolo DOCG – Barolo di Serralunga DOCG – Barolo di Serralunga Vigna Rionda DOCG. Je weiter oben in der Pyramide der Wein angesiedelt wäre, desto strenger wären die Vorschriften bezüglich Ertrag, Minimalalkoholgehalt, Säure- und Extraktwerte usw.

Mit diesem Vorschlag rennt man offene Türen ein. Er ist beileibe nicht neu, wenig originell und wird in der Langhe breit diskutiert. Man wünschte sich aber dringend, die Mühlen der Bürokratie würden nun endlich etwas schneller mahlen!

Abbildung Seite 118/119:
Monforte d'Alba im Winternebel

2. Teil

Der Ratgeber für die Praxis

1. Die Weingüter

Sechs Millionen Doppelzentner Trauben werden in einem durchschnittlichen Jahr im Piemont der Kelter zugeführt. Das ergibt rund 4,5 Millionen Hektoliter Wein von schlechter bis himmlischer Qualität. Tausende und Abertausende von Winzern sind an diesem Herstellungsprozeß beteiligt. Eine Minderheit verarbeitet die Ernte zu eigenem Wein und vermarktet ihn selbst. Eine Mehrheit ist genossenschaftlich organisiert und liefert die Trauben der Kooperative oder arbeitet mit größeren, traubenverarbeitenden Weinhäusern zusammen.

Nachfolgend findet sich eine strenge Selektion der besten Erzeuger der Weinberge um Alba. (Das Fehlen einer bestimmten Firma muß allerdings nicht bedeuten, daß sie nicht auch eine Vorstellung verdient hätte.) Die Konzentration auf diese Gegend, die Vernachlässigung anderer Anbaugebiete des Piemont (Gattinara, Ghemme, Carema und Gavi) erfolgte aus Gründen, die schon im Vorwort dieses Buchs dargelegt wurden.

Die meisten der zirka hundert, kürzer oder länger beschriebenen Betriebe vinifizieren ihre eigenen Trauben. Dies bestätigt meine Überzeugung, daß interessantere, bessere, authentischere Weine in der Regel erzeugt, wer im Besitz der Rebberge ist. Die meisten dieser Weingüter öffnen aufmerksamen Besuchern auf Voranmeldung gern ihre Kellertore. (Zur Erntezeit sollte von einem Besuch abgesehen werden.) Viele sind auch für Direktverkauf eingerichtet. Allerdings: Je renommierter ihr

Name, um so größer die Chance, daß alles ausverkauft oder vorbestellt ist, daß aus Prinzip und Rücksicht auf die eigenen Importeure keine Flasche direkt die Hand wechselt. Man wird dann an eine regionale Önothek verwiesen oder erhält die Anschrift des betreffenden Weinhändlers. Rechnet man zum Preis des Direktverkaufs noch Transport- und Zollspesen hinzu, fährt man in vielen Fällen kaum günstiger, als wenn man sich an den Händler zu Hause wenden würde!

Abbazia dell'Annunziata
Fraz. Annunziata
12064 La Morra
Telefon (0173) 50185

Als Renato Ratti 1988 starb, hinterließ er ein reiches Erbe: eine ganze Reihe von Büchern und Schriften zum Weingenuß, zur Weinkultur, zur Weingeschichte – darunter die wertvollen Klassifizierungsversuche der besten Rebberge von Barolo und Barbaresco –, eine Produktionsphilosophie des modernen Barolo und nicht zuletzt natürlich mit der Abbazia dell'Annunziata ein renommiertes Weingut und ein Weinmuseum, das in der Langhe seinesgleichen sucht. Die Kellerei wird heute von Massimo Martinelli und Pietro Ratti geleitet. Massimo ist Renatos Neffe – er stieß schon in den sechziger Jahren dazu –, Pietro dessen Sohn. Sie führen den Betrieb ganz in Renatos Sinn, bereiten die drei Baroli, wie er es vorgemacht hatte: relativ kurze Maischegärung (zehn bis 14 Tage), Minimum an Faßausbau (zwei Jahre) und Verfeinerung in der Flasche (mindestens ein Jahr bis zur Marktfreigabe). Sie setzen auf Duft und Frucht, nicht auf Tannin und Schwere; auf Eleganz, Subtilität und Zugänglichkeit, nicht auf Wucht und Reifebedürftigkeit. Die drei Weine – Marcenasco (18000 bis 25000 Flaschen), Conca (2500 Flaschen) und Rocche (5000 bis 6000 Flaschen) – stammen mittlerweile zu achtzig Prozent aus eigenem Traubengut und besitzen eine manchmal fast fremdartig anmutende, an einen Burgunder erinnernde Duftigkeit. Marcenasco ist der Konsumfreundlichste und Frühestreife, Conca besitzt wesentlich mehr Tannin und Lebenserwartung, und Rocche (aus Annunziata) schließlich hat am meisten Fruchttiefe, Potenz und Komplexität. Daneben erzeugen Massimo und Pietro Barbera, Nebbiolo, Dolcetto (der traubige, nicht immer ganz transparente Dolcetto Colombé stammt aus einem Familienweingut bei Mango) und die interessante Kuriosität Villa Pattono: ein in der Barrique ausgebauter Mischsatz von 80 Prozent Barbera, 15 Prozent Freisa und fünf Prozent Uvalino. Cabernet I Cedri und Merlot runden das langarolische Sortiment äußerst erfolgreich ab.

Orlando Abrigo
Fraz. Cappelletto
12050 Treiso
Telefon (0173) 630232

Der junge, frisch ausgebildete Önologe Giovanni und sein Vater Orlando bewirtschaften das neun Hektar große Gut. Zirka 25000 Flaschen Barbaresco Vigna della Rocca, Dolcetto Vigna dell'Erto, Barbera d'Alba, Chardonnay und Moscato passito werden jährlich erzeugt. Barbaresco und Barbera vergären satte 20 bis 25 Tage auf der Schale. Die Qualität ist seit dem erstmals abgefüllten Jahrgang 1985 ständig gestiegen. Es lohnt sich, das Gut im

Auge zu behalten. Giovanni verfügt über genug Leidenschaft und Wissensdrang, um im Aufwind zu bleiben.

Lorenzo Accomasso
Fraz. Annunziata, Borgato Pozzo 34
12064 La Morra
Telefon (0173) 508 43

Gärung und lange Mazeration auf den Schalen, adäquater Holzausbau: Lorenzo Accomasso will nichts wissen von einem geschmeidig fließenden, schnell trinkreifen Barolo. Sein Rocche und Rocchette sind sorgfältig gefertigt und zeugen von der Kunst alten Winzerhandwerks. Auch der Dolcetto schlägt in diese Kerbe.

Claudio e Matteo Alario
Loc. Servetti, Via S. Croce 23
12055 Diano d'Alba
Telefon (0173) 231808

Noch vor wenigen Jahren verkaufte Claudio Alario die Trauben von seinen vier Hektar Reben an Weinhändler. Inzwischen keltert er sie mit großem Sachverstand selbst. Rund 10000 gelungene Flaschen Dolcetto und Nebbiolo verlassen jedes Jahr das kleine, feine Weingut. Spitzenprodukte sind der Dolcetto Costa Fiore und der barriquegereifte Nebbiolo d'Alba Cascinotto, der manchem Barolo ebenbürtig ist.

Giovanni Almondo
Via S. Rocco 14
12046 Montà d'Alba
Telefon (0173) 975256

Bricco Burigot und Bricco delle Ciliege heißen die beiden rassigen, trockenen Arneis, die der junge Önologe Domenico Almondo auf dem gepflegten, fünf Hektar großen Weingut erzeugt. Ein Roero Bricchi dei Vettori und ein barriquegereifter Verschnitt von Barbera und Bonardo ergänzen das tadellose Sortiment.

Elio Altare
Fraz. Annunziata, Cascina Nuova
12064 La Morra
Telefon (0173) 50835

siehe Porträt Seite 69

Giacomo Ascheri
Via Piumati 23
12024 Bra
Telefon (0173) 412394

Gepflegtes Familienweingut mit zwölf Hektar Rebbesitz in der ganzen Langhe. Die Lagen werden wenn immer möglich getrennt vinifiziert. Das Augenmerk gilt fruchtbetonten, geschmeidigen Weinen, die man nicht gleich im Keller vergessen muß. Seit der junge Matteo Ascheri das Ruder übernommen hat, ist ein frischer Wind zu spüren. Die 100000 Flaschen verteilen sich unter anderem auf Dolcetto Nirane, Nebbiolo Bricco S.Giacomo, Barolo Monvigliero und Vigna Farina aus der Lage Sorano zwischen Serralunga und Diano d'Alba.

Azelia
Via Alba-Barolo 27
12060 Castiglione Falletto
Telefon (0173) 62859

Zusammen mit dem bekannteren Verwandten Enrico Scavino teilen sich Lorenzo und Luigi Scavino von Azelia in den Besitz des Weinbergs Fiasco. Ihr Barolo Bricco Fiasco ist vielleicht weniger geschliffen und komplex, gefällt aber durch seine Geradlinigkeit. In guten Jahren kommt von der Hügelspitze Barolo Bricco Punta. Daneben gibt es Dolcetto Vigna Azelia und Bricco dell'Oriolo. Die Gesamtproduktion beträgt 40 000 bis 45 000 Flaschen.

Fratelli Barale
Via Roma 8
12060 Barolo
Telefon (0173) 5 61 27

Die alte Barolo-Familie – Gründungsjahr 1870 – erzeugt heute unter der Leitung von Sergio Barale aus zirka zwanzig Hektar eigenen Reben rund 100 000 Flaschen Barolo (normaler und Cru Castellero), Barbaresco (Rabajà) Dolcetto, Barbera, Pinot Chardonnay (sic!) und Arneis. Die Herstellung lehnt sich, mit langem Faßausbau und Lagerung in Damigiane ans Herkömmliche an. Die Weine sind von zuverlässiger Qualität und reifen eher schnell.

Batasiolo
Fraz. Annunziata 87
12064 La Morra
Telefon (0173) 5 01 31

Manchmal gehen ein Namenswechsel und die Neukreation der Flaschenausstattung über bloße Kosmetik hinaus: Sie signalisieren eine Änderung in der Produktionsphilosophie – in diesem Fall zum Guten hin: Die Firma Batasiolo der Fratelli Dogliani hieß früher Kiola und war nicht gerade ein Synonym für Spitzenweine. Seit Ende der achtziger Jahre steht sie unter der Direktion von Marco Monchiero.

Er hat sie auf Qualitätskurs gebracht. Zwar werden immer noch Weine von bloß durchschnittlicher Güte erzeugt. Das läßt sich bei einer Produktion von rund zwei Millionen Flaschen pro Jahr auch nur schwerlich vermeiden. Daneben glänzt heute Batasiolo aber auch mit einer Reihe von vorzüglichen Gewächsen. Vor allem die Barolo-Crus Bofani aus Monforte sowie Boscareto und La Corda della Briccolina aus Serralunga reichen weit übers Mittelmaß hinaus, ja halten problemlos in einer erweiterten Barolo-Spitzengruppe mit. Sie sind Vertreter einer neuen Generation von konsumfreundlichen, aber dennoch nicht vordergründigen Weinen. Bofani (rund 16000 Flaschen) ist vielleicht der fruchtbetonteste, weichste, Boscareto (20000 Flaschen) der tanninreichste, am markantesten strukturierte und La Corda delle Briccolina (10000 Flaschen) mit seiner deutlich spürbaren Barriquenote der samtigste, am meisten polierte, aber auch modischste unter diesen Zugpferden von Batasiolo. (Der Zusatz »Beni di« Batasiolo auf dem Etikett will sagen, daß die Trauben aus Rebbergen in Eigenbesitz – rund hundert Hektar – stammen. Er kommt auch bei anderen Weinen wie Dolcetto, Barbera usw. zur Anwendung.)

Tadellos vinifiziert ist darüber hinaus auch ein Chardonnay aus der Einzellage Morino in La Morra. Mit seiner frischfruchtigen, dezent holzbetonten, rassigen Art zählt er zum besten, was im Piemont aus dieser Modesorte gekeltert wird. Und ein Moscato d'Asti Bosc dla Rei, dessen Trauben ebenfalls im Weinberg Boscareto gewachsen sind, überrascht durch außergewöhnlich fruchtige Aromen (Pfirsich, leicht caramelisierte Birnen) und eher wenig Kohlensäure.

Belcolle
Regione Castagni 56
12060 Verduno
Telefon (0172) 459196

Paolo Torchio, der Önologe dieser relativ jungen Kellerei – 1978 gegründet –, hat den Ruf eines Weißweinspezialisten. Gut sind denn auch sein Arneis und Favorita. Die roten Gewächse besitzen einen – für Verduno allerdings typischen – eleganten, fruchtig-würzigen Charakter, so etwa der Pelaverga di Verduno Vigna Pozzo e Boschetto und der Barolo Monviglero. Gesamtproduktion rund 150000 Flaschen.

Bera
Cascina Palazzo 12
12050 Neviglie
Telefon (0173) 630194

Walter und Attilio Bera erzeugen aus 18 Hektar Reben rund 100000 Flaschen Moscato d'Asti, Dolcetto d'Alba und Asti Spumante. Ihr duftiger Moscato gilt als einer der besten des Anbaugebiets.

Luigi Bianco e Figlio
Via Rabajà 12
12050 Barbaresco
Telefon (0173) 635125

Kleines Bauerngut, auf dem 10000 Flaschen Barbaresco Rabajà, Faset und Ronchi erzeugt werden. Der Wein wird mittlerweile auf Castello di Verduno gekeltert, verkauft und getrunken, denn Franco Bianco ist mit Gabriella Burlotto verheiratet. In den frühen neunziger Jahren sind vermehrt Probleme mit Kork und Faßton aufgetreten. Dem sympathischen Franco wäre zu wünschen, daß die Schwierigkeiten bloß vorübergehender Natur sind.

Pietro Boffa
Via Torino 17
12050 Barbaresco
Telefon (0173) 635174

Kleine, bäuerliche, mitten im Zentrum von Barbaresco gelegene Kellerei mit vier Hektar Rebbesitz. Der junge Carlo Boffa erzeugt aus der Lage Ovello einen eher leichten, sauberen, fruchtbetonten Barbaresco. Daneben gibt es auch etwas Dolcetto und Nebbiolo delle Langhe.

Giacomo Borgogno
Via Gioberti 1
12060 Barolo
Telefon (0173) 56108

Das Haus ist mit der Geschichte des Barolo verknüpft wie der Wollfaden mit seiner Tapisserie. 1860 soll mit Borgogno-Weinen auf die Einheit Italiens angestoßen worden sein. Cesare Borgogno postulierte in den fünfziger Jahren dieses Jahrhunderts – zu einer Zeit, da der Wein meist in Fässern verkauft wurde – unermüdlich die Flaschenlagerung des Barolo: Noch heute legt man hier große Teile von guten Jahrgängen in den kühlen Keller, zwanzig Jahre später dekantiert man sie, verkorkt sie neu und verkauft sie schließlich. Die jetzige Besitzerfamilie heißt Boschis. Die inzwischen aktiv tätigen Kinder Cesare, Chiara und Giorgio dürften dafür sorgen, daß in absehbarer Zeit auf die rund 300000 Flaschen (Lagen in Cannubi und Liste) einer durchschnittlichen Jahresproduktion wieder mehr Glanz fallen wird.

Gianfranco Bovio
Piazza Castello 5
12064 La Morra
Telefon (0173) 50190

Gianfranco Bovio ist umsichtiger Besitzer des für seine klassische Küche der Langhe bekannten Ristorante Belvedere in La Morra. Unterstützt von Kellermeister Walter Porasso führt er darüber hinaus in Borgata Ciotto, im Weiler Annunziata, ein kleines, feines Familienweingut. Barolo Gattera und Arburina sowie Dolcetto Firagnetti und Dabbene können auf Verlangen im Belvedere getrunken werden. Es sind eher leichte, geschmeidige Weine, die vorzüglich zur Küche von Gianfrancos Schwester Maria Vittoria passen.

Braida di Giacomo Bologna
Via Roma 94
14030 Rocchetta Tanaro
Telefon (0141) 644584/644113

Als Giacomo Bologna 1990 starb, trauerte das ganze Piemont. Der Kummer galt einem großherzigen Mann von barockem Format und einer Winzerpersönlichkeit, die innerhalb weniger Jahre aus dem verschmähten Barbera d'Asti einen der gesuchtesten Weine Italiens gemacht hatte.
 Bricco dell'Uccellone heißt das Weinmonument. 1982 war das Jahr seiner Geburt. Die Trauben stammen aus einem kleinen, mit Stöcken aus dem Jahr 1961 bepflanzten Rebberg oberhalb von Rocchetta Tanaro, einige Kilometer südöstlich von Asti. Giacomo Bologna ließ den Most 22 Tage an den Schalen fermentieren, forcierte anschließend die Milchsäuregärung und baute ihn 14 Monate in Barriques aus neuer Vogeseneiche aus. Das Resultat war ein warmer, mächtiger, überaus würzi-

ger Barbera, der auf Anhieb ein riesiger Erfolg wurde.

Um die stets steigende Nachfrage zu befriedigen, schuf Bologna später einen zweiten Barrique-Barbera: den aus jüngeren Reben und etwas länger in der Eiche gelagerten Bricco della Bigotta, ein ebenso voluminöser Wein, der in der Regel etwas leichter strukturiert, dafür umso fruchtbetonter ausfällt. Gleichsam als Abschiedsgeschenk hinterließ er bei seinem Tod gar noch einen dritten Barbera dieser Provenienz, ein Gewächs so voll Fruchtsüße, so konzentriert und alkoholreich wie keines der zwei ersten. Seine Erben – Ehefrau Anna, Tochter Raffaella und Sohn Beppe, die gemeinsam seine Nachfolge angetreten haben – tauften ihn vieldeutig »Ai Suma«, was im piemontesischen Dialekt »qui ci siamo« meint: »Da sind wir wieder«, »Wir haben's geschafft«, das Leben gehe weiter, die Arbeit Giacomos werde fortgesetzt. Ai Suma – er reift seiner Üppigkeit wegen bloß ein halbes Jahr in neuen Barriques – verdankt seine Eigenart einem Zufall: 1989 hatte Giacomo Bologna die Weingebiete Georgiens bereist und die besuchten Winzer zu einer Gegenvisite auf die Erntezeit hin eingeladen. Als die Georgier aber nicht rechtzeitig eintreffen wollten, ließ Giacomo die Trauben an diesem einen Weinberg hängen, um sein Versprechen einlösen zu können. Mit Verspätung trafen die Gäste schließlich ein und konnten ein zwar noch immer gesundes, aber fast überreifes, ungemein zuckerreiches Erntegut einbringen.

Diese drei Barbere machen allerdings nur einen kleinen Teil der jährlichen Produktion des Weinguts Braida aus. Die 160000 bis 180000 Flaschen setzen sich überdies aus einem traditionell, d.h. leicht prickelnd hergestellten Barbera La Monella, einem Grignolino d'Asti, Brachetto d'Aqui und einem originellen Moscato d'Asti »Vigna senza Nome« zusammen. Land für weitere Winzerabenteuer ist vorhanden. Es gehört den beiden Geschwistern und ist ihre eigene Geschichte. Sie werden sie allerdings erst noch zu schreiben haben.

Brezza
Via Lomondo 2
12060 Barolo
Telefon (0173) 56354

Im Keller unter dem neuerbauten gleichnamigen Hotel erzeugen Giacomo und Oreste Brezza rustikalen, wenig aufregenden Barolo, Barbera und Dolcetto aus Lagen in Sarmassa, Cannubi, Muscatel und Castellero. In guten Jahren werden einzelne Crus separat vinifiziert.

Brovia
Via Alba 28
12060 Castiglione Falletto
Telefon (0173) 62852

Zehn Hektar vorzügliches Rebland in Castiglione Falletto. 40000 Flaschen klassisch gekelterter, tanninbetonter und reifebedürftiger Wein: Das ist die Visitenkarte der Geschwister Giacinto und Marina Brovia. Die Zugpferde sind die Barolo-Auslese Rocche dei Brovia und ein monströser Dolcetto Solatio, der in guten Jahren das Gewicht von 15 Volumenprozent Alkohol mit sich herumträgt.

Commendator G. B. Burlotto
Via Vittorio Emanuele 28
12060 Verduno
Telefon (0172) 459122

Die Baroli, die aus diesem traditionsreichen, heute

von Marina Burlotto geführten Haus kommen, gleichen etwas ihren altehrwürdigen Etiketten: Sie sind Zeugen einer vergangenen Zeit. Die Weine (80 000 Flaschen, acht Hektar Rebbesitz) werden noch in offenen Standen vergoren und zeichnen sich über eine gewisse authentische Rustikalität aus. Meist sind sie aber auch nur dünn und harmlos. Dem Betrieb würde wohl ein nicht nur äußerliches Facelifting gut anstehen.

Ca'Romè
Via Rabajà 36
12050 Barbaresco
Telefon (0173) 63 51 26

Seit einigen Jahren hat Romano Marenga sein Hobby zum Beruf gemacht und sich in Barbaresco oberhalb der Lage Rabajà ein echtes Boutique-Weingut geschaffen. Im Weinkeller mit seinen prächtigen slowenischen Eichenholzfässern hat alles seine Ordnung. Man fühlt sich darin so wohl wie in einem gut geführten Museum. Romano Marenga vinifiziert nach herkömmlicher Art (20 bis 30 Tage Maischegärung bei untergetauchtem Tresterhut, zwei resp. drei Jahre Faßausbau, ein Jahr Flaschenlagerung) Barbaresco- und Barolotrauben, die er gekauft hat. So kann er sich leisten, nur in guten Jahren Weine zu erzeugen. Die Qualität ist etwas uneinheitlich – ein Spiegelbild des Traubenguts wohl, das er sich beschaffen kann. Je nach Verfügbarkeit produziert er beim Barolo Einzellagenabfüllungen aus Serralunga (Vigna Rionda, Carpegna); beim Barbaresco gibt es neben dem normalen Wein eine Art Auslese, die sich nach seiner schönen und im Winzerhandwerk offenbar beschlagenen Mutter Maria di Brün nennt. Der Wein ist eindrucksvoll, noch eindrucksvoller ist allerdings sein Preis. Das schmale Sortiment rundet ein wenig spektakulärer Barbaresco-/Barberaverschnitt Dapruvé ab.

Cappellano
Fraz. Bruni, Via Alba 13
12050 Serralunga
Telefon (0173) 53103

Altehrwürdiges kleines Weingut mit den für Serralunga typischen kräftigen, etwas harten Weinen. Teobaldo Cappellano verfügt über ausgezeichnete Lagen in Gabutti und erzeugt darüber hinaus als einer von wenigen noch den echten Barolo Chinato, eine Art bittersüßen Verdauungslikör auf Barolobasis.

Cascine Drago
Loc. San Rocco Seno d'Elvio
12051 Alba
Telefon (0173) 33898

Luciano de Giacomi zählt zu den beliebtesten Persönlichkeiten der Langhe: Apotheker in Alba, Großmeister der Cavalieri dell'Ordine del Tartufo e dei Vini d'Alba und Winzer in der x-ten Generation auf dem Familienweingut Cascine Drago, das wenige Kilometer südlich von Alba in der Barbaresco-Zone liegt. Sein Gallionswein – Bricco del Drago, in außergewöhnlichen Jahren durch die Riserva Vigna d'le Mace ergänzt – besteht aus der bizarren Mischung 85 Prozent Dolcetto und 15 Prozent Nebbiolo und zeigt knorrigen Charakter. Daneben erzeugt er auf den zehn Hektar noch normalen Dolcetto und eine Art 53il-de-Perdrix aus Pinot nero.
   Gesamtproduktion: je nach Jahr 40000 bis 50000 Flaschen.

Castello di Neive
Via Castelborgo 1
12057 Neive
Telefon (0173) 67171 – (011) 500964

Das imposante Schloß aus dem Jahr 1750 thront hoch über Neive und besitzt ein sehenswertes Keller-Labyrinth, in dem im letzten Jahrhundert schon der französische Önologe Oudart seine Vorstellungen eines modernen Nebbiolo zu verwirklichen suchte.
 Die Gebrüder Italo und Giulio Stupino haben das Castello 1959 gekauft. Sie besitzen in Neive 27 Hektar Reben – teilweise in den besten Lagen wie Santo Stefano, Basarin und Gallina – und erzeugen schweren, robusten, reifebedürftigen Barbaresco, manchmal herausragend die Riserva Santo Stefano, feinen Dolcetto Basarin, saftigen Arneis Vino da Tavola aus Neive sowie eine Reihe weiterer charakterstarker Weine in der Tradition des langarolischen Sortiments.

Castello di Verduno
Via Umberto 9
12060 Verduno
Telefon (0172) 459125

Castello di Verduno, ein ehemaliges Jagdschloß des Königs von Savoyen, Carlo Alberto, beherbergt heute ein atmosphärenreiches Hotel, ein mittlerweile recht teuer gewordenes, der rustikalen Küche der Langhe verpflichtetes Restaurant und eine kleine Weinkellerei. Verantwortlich für den Betrieb sind die drei Schwestern Burlotto. Gabriella amtet als Kellermeisterin und erzeugt zusammen mit ihrem Mann Franco Bianco vom gleichnamigen Weingut in Barbaresco einen feinen, eleganten, saftigen Barolo Massara, der in den letzten Jahren zunehmend Stil gewonnen hat, sowie den kräftig strukturierten, alkoholreichen Pelaverga.

Cascina Castlèt
Strade Castelletto 6
14055 Costigliole d'Asti
Telefon (0141) 966651

Mariuccia Borio ist in den vergangenen Jahren so etwas wie die Schutzheilige des Barbera d'Asti geworden. Diese Ehre verdankt sie steter Medienpräsenz und ihrem durch seine Design-Flasche berühmt gewordenen Barbera Passum, der – einer alten Tradition im Astgiano folgend – aus teilweise angetrockneten Trauben besteht. Leider gerät er häufig allzu alkoholisch und säurebetont, und wäre er der einzige Wein des kleinen Familienbetriebs, man würde die Aufregung nicht ganz verstehen. Glücklicherweise erzeugt Mariuccia Borio noch andere Weine. So etwa den barriquegereiften Barbera Policalpo, den Moscato passito Aviè oder den einfacheren, temperaturkontrolliert vergorenen Barbera Litina.

Cavallotto
Bricco Boschis
12060 Castiglione Falletto
Telefon (0173) 62814

Rund 40 000 Flaschen Barolo – darunter die schwergewichtigen, lange im großen Holzfaß ausgebauten Crus San Giuseppe, Colle Sud Ovest und Punta Marcello – sowie 50 000 Flaschen Dolcetto und Barbera kommen von diesem traditionsverhafteten Familienweingut, das mitten in der erstklassigen Lage Bricco Boschis liegt. Zurzeit vollzieht sich ein Generationenwechsel, der den Stil der Weine beeinflussen dürfte.

Ceretto
Loc. S. Cassiano 34
12051 Alba
Telefon (0173) 282582

Bruno Ceretto ist keiner, der mit seiner Meinung hinter dem Berg hält. Er brüskiert und provoziert gerne, doch im Handumdrehen würde er am liebsten mit einem einen Nachmittag lang in einer Osteria Karten spielen. Er ist schnell erregbar, liebt überraschende, häufig sarkastische Vergleiche, schlägt dabei aber immer die Werbetrommel für sich, seine Weine, die Weine des Piemont überhaupt. So wie ein Journalist dergestalt zu schreiben habe, daß ihn alle verstehen würden, habe ein Weinerzeuger Weine zu machen, die alle trinken können: Diese Grundüberzeugung begleitete Bruno Ceretto von Anbeginn. Ihm zur Seite stand die ganze Zeit über Bruder Marcello: kein Promotor, Verkäufer und Motivator, sondern der stille Tüftler im Hintergrund, verantwortlich für die technischen Aspekte wie Winzerei und Weinbereitung.

Die beiden kommen aus einfachen Verhältnissen, haben mit Ehrgeiz und Energie den Aufstieg geschafft und verstehen sich heute als wegweisende Führerfiguren in der Langhe. Daß ihnen dabei immer wieder Angelo Gaja in die Quere kommt, fuchst sie zwar, treibt sie aber auch stets wieder an. Ihr Vater Riccardo war Traubenkäufer und Weinverkäufer. Die zwei Söhne merkten bei Geschäftseintritt in den sechziger Jahren rasch und früh, daß Erfolg haben wird, wer eigene Weinberge besitzt. Sie legten mit dieser klugen, wenn auch mit Risiken behafteten Einsicht den Grundstein für ihr beeindruckendes Imperium. 1970 kauften sie Land in Asili (Barbaresco) und Prapò (Serralunga), 1974 in Bricco Rocche (Castiglione Falletto), 1976 in Brunate (Barolo und La Morra), 1985 schließlich in Faset (Barbaresco). Die Käufe gestalteten sich mühsam, Kleinstparzelle folgte auf Kleinstparzelle, bis das Puzzle vollendet war. Parallel dazu entstand ein Vinifikationsmodell, das vom Axiom ausging, daß Barolo und Barbaresco in ihrer anspruchsvollen, strengen Art keinen Markt mehr hätten und daher neu konzipiert werden müßten: Gär- und Mazerationszeiten wurden verkürzt, die Temperatur während der Fermentation gesenkt, die Dauer des Faßausbaus verringert (von Barriques für die traditionellen langarolischen Rebsorten wollte man allerdings nichts wissen). Es entstanden die typischen Ceretto-Weine – fruchtig, weich, elegant, trinkreif –, die auf dem (internationalen) Markt und in der Gastronomie zwar durchaus gut ankommen, vielfach aber Konzentration und Tiefe vermissen lassen (böse Zungen behaupten, das liege an zu hohen Erträgen), die schnell welken und auch nicht immer über jeden Verdacht im Hinblick auf die Reintönigkeit erhaben sind. Die Lagenunterschiede blieben freilich immer spürbar. Der strengere, maskuline Prapò und der weich fließende, feminine Brunate zeigen sie gar in beispielhafter Weise.

1988, im letzten Zug ihrer Expansionsphase, gelang den Cerettos schließlich ein weiterer großer Coup: Mittels eines langfristigen Pachtvertrags erhielten sie das Nutzungsrecht am siebzig Hektar großen Gut La Bernardina. Dieses hatte einst zusammen mit Fontanafredda dem Grafen von Mirafiori gehört – dem Sohn von König Vittorio Emanuele II und seiner Geliebten Rosa Vercellana, der sagenumwobenen »Bela Rosin«. Bernardina dient mittlerweile als Experimentier-Weingut für gebietsuntypische, französische und deutsche Rebsorten (Cabernet Sauvignon, Pinot noir, Merlot, Shiraz, Chardonnay, Viognier und Riesling) und als Verwaltungs- und Vinifikationshauptquartier (bis auf Bricco Rocche und Bricco Asili werden inzwischen alle Ceretto Weine – insgesamt rund

400 000 Flaschen – in dieser ultramodernen Kellerei vinifiziert).

So bietet heute der vielgliedrige Betrieb folgendes Bild: Zu den bereits erwähnten Crus von Barolo und Barbaresco kommt ein Dolcetto Rossana aus einem gleichnamigen, 1989 erworbenen Weingut und der Arneis Blangé, dessen sich ebenfalls in Eigenbesitz befindenden Rebberge in Vezza d'Alba liegen, und der mit seiner modernen, straffen, eher neutralen Art die Bars und Restaurants der Gegend im Sturm eroberte. Aus Trauben von Vertragswinzern werden darüber hinaus ein Barolo Zonchera, Barbaresco Asij, Nebbiolo d'Alba Lantasco und Barbera d'Alba Piana gekeltert. In Partnerschaft mit einigen der besten Moscato-Anbauer aus Santo Stefano Belbo – dem Heimatort der Cerettos – entsteht ein vorzüglicher, feinfruchtiger Moscato d'Asti. In La Morra werden die besten Trester zu sortenspezifischen Grappe gebrannt, und auf Bernardina schließlich wachsen die Trauben heran, mit denen Bruno Ceretto den Wettbewerb mit den großen Weinen außerhalb der Langhe aufnehmen (und gewinnen) will.

Michele Chiarlo
Strada Statale Nizza/Canelli
14942 Calamandrana
Telefon (0141) 75231

Die Kellerei Duca d'Asti war früher eher für Masse als für Klasse bekannt. 1,5 Millionen Flaschen unterschiedlichster Provenienz – mehr oder weniger das gesamte Rebsortiment der Langhe und des Monferrat – wurden und werden auch heute noch jährlich vermarktet. Doch ihr Inhaber Michele Chiarlo verpaßte der Produktion in den letzten Jahren ein Facelifting und beschränkte sich dabei nicht bloß auf Äußerliches wie Namen (Michele Chiarlo statt d'Asti) und Flaschenausstattung, sondern machte sich auch vehement an die Qualitätsverbesserung. Der Erfolg ließ zu Recht nicht auf sich warten. Was heute die Kellerei in Calamandrana verläßt, besitzt ein beachtliches Güteniveau und muß sich vor anderen Großproduzenten wie Batasiolo, Marchesi di Barolo oder Fontanafredda nicht verstecken. Bemerkenswert sind hauptsächlich Barilot, ein barriquegereifter Barbera-/Nebbioloverschnitt, Apoteosi, ein Cabernet-Sauvignon-, Barbera- und Nebbiolo-Verschnitt und die drei Lagen-Barolo Brunate, Vigna Rionda und Rocche di Castiglione Falletto, die in einem konsumfreundlichen Stil bereitet werden. Damit wollte es Michele Chiarlo aber nicht bewenden lassen. Denn seitdem immer mehr Winzer in den renommierten Gebieten begonnen haben, ihre besten Trauben selber zu vinifizieren, wird es für Weinhändler zunehmend schwieriger, an erstklassiges Traubengut heranzukommen. Spitzenqualität erzeugt bald nur noch, wer über eigenes Land in den gesuchten Lagen verfügt. Chiarlo verstand es, sich in La Morra (Cerequio) und Barolo (Cannubi) einzukaufen. Während letzterer mit dem 1990er Jahrgang seine Premiere erlebte, kam der erste Cerequio 1992 auf den Markt und holte etwas überraschend auf Anhieb die begehrten drei Gläser im Gambero Rosso. Der subtile, eher lose gewirkte, aber nachhaltige Wein stammt aus der Cascina Antico Podere Averame mit 5,5 Hektar Reben. Rund 11 000 Flaschen wurden von diesem preisgekrönten Jahrgang abgefüllt.

Chionetti
Fraz. S. Luigi 44
12063 Dogliani
Telefon (0173) 71179

Unweit Monforte gelegenes Weingut, das sich vollständig auf erstklassigen, sehr weinigen Dolcetto di Dogliani spezialisiert. Aus 14 Hektaren Reben werden pro Jahr 60000 bis 90000 Flaschen Dolcetto erzeugt. Die Produktion verteilt sich auf drei Crus: den geschmeidigen, als erster trinkreifen La Costa, den delikaten San Luigi und den mächtigen Sorì Briccolero, der mehr Kraft, Alkohol und Lebenserwartung als die beiden anderen besitzt.

Cigliutti
Fraz. Serra Boella 17
12057 Neive
Telefon (0173) 677185

Seit vier Generationen wohnt die Familie Cigliutti in Bricco di Neive. 1964 wurde erstmals etwas Wein abgefüllt. Heute geht die ganze Produktion in die Flasche. 20000 bis 25000 sind es jährlich und immer zuwenig. Denn Renato Cigliutti ist ein ebenso vorbildlicher Winzer wie gewiefter Kellermeister, und seine charakterstarken Weine tragen den Stempel dieses zähen, geradlinigen Bauern. Bester Wein ist der herkömmlich vinifizierte Barbaresco Serraboella, der mit seiner mächtigen Struktur, den Trüffel- und Teernuancen an einen Barolo erinnert. Doch auch die beiden Dolcetti von rustikaler, lagerbedürftiger Art, der barriquegereifte, kräftige Barbera und der Barbera-/Nebbioloverschnitt Bricco Serra künden von der solid handwerklichen Weise der Rebenpflege und Weinbereitung.

Cisa Asinari dei Marchesi Di Gresy
La Martinenga
12050 Barbaresco
Telefon (0173) 635222

In den siebziger Jahren entschied sich der junge

Alberto Di Gresy, den Nebbiolo vom zwölf Hektar großen Familienweingut nicht mehr der lokalen Genossenschaft zuzuführen, sondern selbst zu verarbeiten. Der Entschluß dürfte die Mitglieder der Produttori del Barbaresco nicht gefreut haben. Sie verloren damit vielleicht die besten Trauben, zählen doch die Rebberge von La Martinenga zu den klimatisch verwöhntesten des gesamten Anbaugebiets des Barbaresco. Wie ein nach Süden offenes Amphitheater liegen sie eingebettet unter dem Hügelzug von Asili und Rabajà. Schritt für Schritt – die Familie hatte ihm bloß den Gewinn des vorhergehenden Jahres zur jeweiligen Neuinvestition freigegeben – modernisierte Alberto Di Gresy mit Hilfe der beiden tüchtigen Önologen Piero Ballario und Enrico Bartalucci den Betrieb. Die kluge Vorgabe förderte ein organisches Wachstum, diente der Harmonie, die Alberto auch in seinen Weinen am wichtigsten ist.

Heute erzeugen die Tenute Cisa Asinari dei Marchesi Di Gresy jährlich rund 150 000 Flaschen Wein inklusive des kirschenfruchtigen Dolcetto vom benachbarten Monte Aribaldo in Treiso, dem Sommersitz der in Mailand wohnenden Familie. Die Perle ist natürlich der Barbaresco. Er wird in guten Jahren gleich dreifach hergestellt: Als Camp Gros aus dem östlichen Teil der Martinenga-Lage (in 17 Hektoliter-Fässern ausgebaut), als Gaiun vom westlichen Teil (seit 1985 25 bis 50 Prozent in Barriques ausgebaut) und als La Martinenga (40 bis 50 Hektoliter-Fässer). Die Begründung für die Differenzierung mag einleuchten: Camp Gros und Gaiun seien mikroklimatisch besonders bevorzugt und besäßen eine je verschiedene Typik, was sie innerhalb dieser doch schon Cru-Charakter tragenden Lage zu eigentlichen Grands Crus prädestiniere. Die Aufsplitterung führt aber auch zur Überlegung, ob es nicht dienlicher wäre, aus kleinem Ertrag – einem geringeren vielleicht gar als heute – und einer strengen Selektion bloß einen, das ganze phantastische Potential der Lage ausschöpfenden Barbaresco La Martinenga zu keltern und den Rest zu einem guten Nebbiolo zu verarbeiten. Sicher kämen so ebenso viele Flaschen zusammen wie bei den zwei Spezialcrus. Sie könnten bestimmt auch ebenso teuer verkauft werden. Dem Prestige des Namens Martinenga und Di Gresy würde man vielleicht aber eher gerecht. Denn nicht immer lösen die in der aktuellen Diversifikation angebotenen Barbareschi Begeisterung aus. Natürlich existieren Nuancen, besitzen Camp Gros die größte Tiefe, Gaiun das geschliffenste Wesen. Doch alle drei sind sie von eher schwacher Farbe, zeigen zwar ungemein duftige Aromen von roten und schwarzen Beeren und Feinheit und Eleganz im Körper; manchmal aber lassen sie die erwartete Konzentration vermissen und scheinen frühe Zugänglichkeit mehr zu favorisieren als ein angemessenes Entwicklungspotential.

Clerico
Loc. Manzoni-Cucchi 67
12065 Monforte
Telefon (0173) 78171

Der Wein muß ausgeglichen geboren werden, Alkohol und Tannin haben im Gleichgewicht zu sein, sonst wird daraus nie etwas Großes. So denkt Domenico Clerico, einer, der lange als Modernist verschrien war und dabei so tief im Boden der Langhe wurzelt wie die berühmte Libanonzeder auf Monfalletto. Er machte sich aus dieser Grundüberzeu-

Rechte Seite:
Barolo-Fässer im Zwielicht des Weinkellers

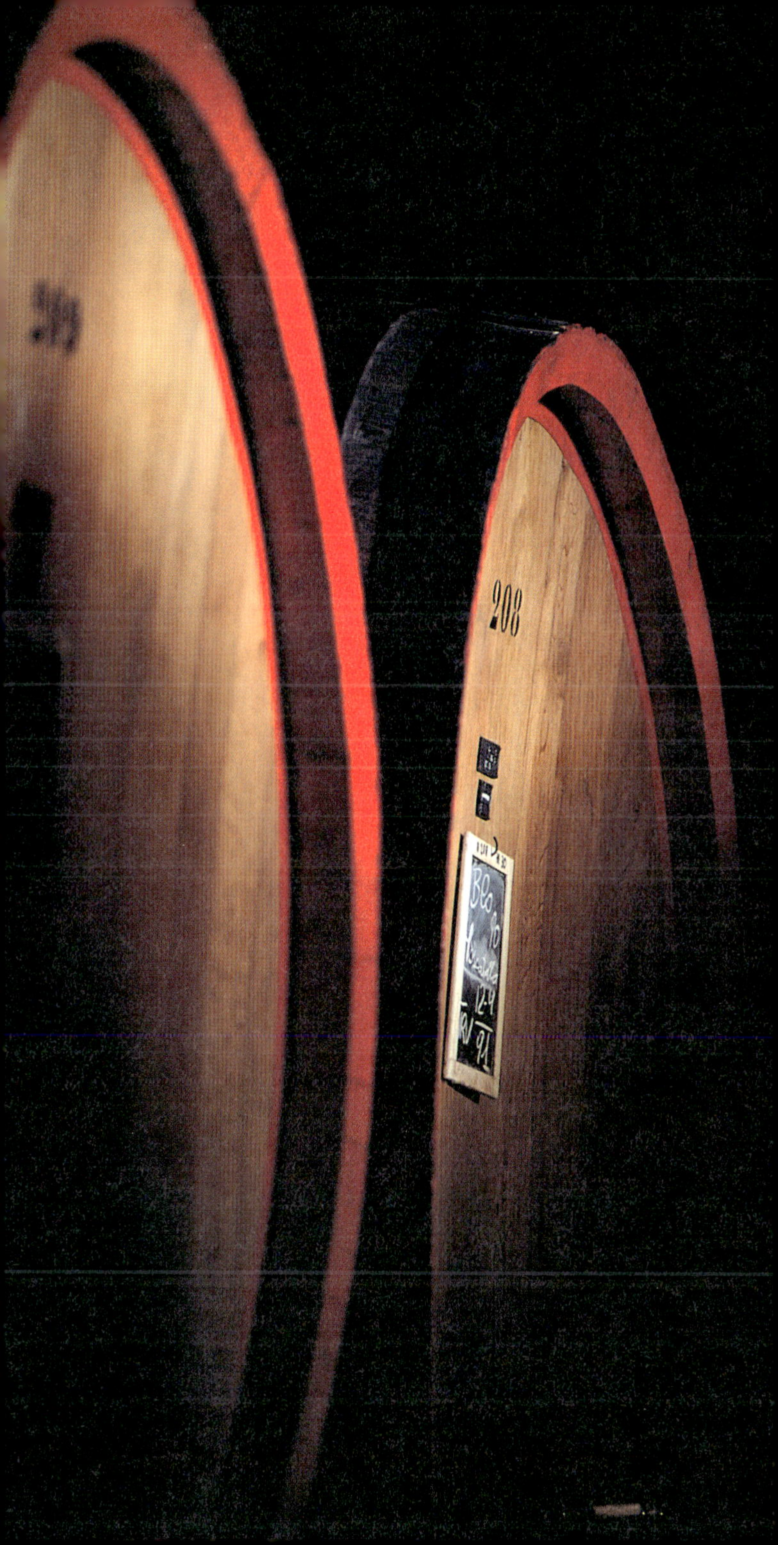
208

gung heraus an die Neuinterpretation der Tradition. Vielleicht fällt ihm eine gewisse Respektlosigkeit leichter, da das Familienweingut – heutige Größe knapp elf Hektar, rund 50 000 Flaschen Jahresproduktion – bloß auf 1976 zurückgeht. Es liegt westlich von Monforte, an der Straße nach Monchiero. Die Weinberge dagegen befinden sich hauptsächlich östlich des Dorfes in Ginestra. Neben einem nicht immer ganz transparenten Dolcetto und einem kräftig-würzigen, partiell in gebrauchten Barriques gereiften Barbera sind es vor allem der Barolo und der Vino da Tavola Arte, die Clericos guten Ruf begründet haben. Von ersterem gibt es zwei: in geringer Menge Bricotto Bussia und in größerer Verfügbarkeit Ciabot Mentin Ginestra (ab Jahrgang 1990 wird noch ein Barolo Payana von einer Lage unterhalb Ginestra dazukommen). Die Maischegärung dauert vergleichsweise kurze zwölf bis 15 Tage. Frucht, Weichheit und Fülle sind Domenico Clerico sympathischer als beißende, fordernde Tanninstrenge. Der Ausbau vollzieht sich in traditionellen Holzfässern. Für die Zukunft liebäugelt Clerico mit 700-Litern-Behälter, wie sie auch Luciano Sandrone verwendet. Barriques setzt er dagegen beim Arte ein, jenem Verschnitt aus 90 Prozent Nebbiolo und zehn Prozent Barbera, der ihm wohl vor allem das Etikett des Modernisten eingetragen hat. Volle 17 Monate ruht der Wein darin, teils in neuen, teils in einmal gebrauchten. Er brachte Clerico großen Erfolg – zuletzt die drei Gambero-Rosso-Gläser für den 1990er –; die 7000 Flaschen sind jeweils augenblicklich ausverkauft. Der Arte hat es verdient: Er ist bestrickend dicht gewirkt, der weiche Tanninkern von einer einnehmenden Fruchthülle umschlossen. Müßte man einen Wein benennen, der einem etwas weniger geübten Weingeschmack entgegenkommt und trotzdem die langarolischen Wurzeln nicht verleugnet: Es müßte der Arte sein.

Colué
Via S. Sebastiano 1
12055 Diano d'Alba
Telefon (0173) 69169

Colué ist vor allem bekannt für seine Dolcetti Vigna Tampa und Sorì Servetti. Daneben erzeugt Massimo Oddero aber auch Barolo aus Cannubi, Barbaresco Sorì Valeriano und Chardonnay Vigneto del Pinnacolo. Die Jahresproduktion beträgt rund 150000 Flaschen, der Rebbesitz 15 Hektar.

Aldo Conterno
Loc. Bussia 48
12065 Monforte
Telefon (0173) 78150

siehe Porträt Seite 78

Giacomo Conterno
Loc. Ornati 2
12065 Monforte
Telefon (0173) 78221

siehe Porträt Seite 84

Conterno-Fantino
Regione Fracchia 5
12065 Monforte
Telefon (0173) 78204

Seit 1982 füllt Guido Fantino mit großem Knowhow und viel Fingerspitzengefühl zunehmend mehr Wein unter eigenem Etikett ab. Früher war er Kellermeister bei Prunotto. Heirat brachte ihn mit der Familie Conterno zusammen, die mit den bekannteren Aldo und Giovanni Conterno nicht verwandt ist, aber auch Rebland besitzt. Die Verbindung trägt reiche Früchte: Conterno-Fantino zählt zu den wichtigsten Aufsteigern der letzten zehn Jahre. 70000 bis 100000 Flaschen beträgt die Jahresproduktion, 15 Hektar der Rebbesitz. Er konzentriert sich auf die Lage Ginestra – neben Bussia die beste Lage in Monforte – und Bricco Bastia. Guido Fantinos herausragendster Wein ist der muskulös-fleischige, robuste Barolo Sorì Ginestra, der – man verzeihe mir das Bild – vor Extraktreichtum manchmal fast platzt. Vigna del Gris liegt zwar gleich angrenzend, neigt sich aber gegen Südosten, nicht gegen Süden und weist eine etwas leichtere, sandigere Erde auf. Daraus kommt der elegantere, früher trinkreife Barolo gleichen Namens. Für zwei weitere Schmuckstücke des Weinguts zeichnet der Barbera verantwortlich: Rassig und nachhaltig ist der klassische, verführerische Barbera Vignota. Eines der schönsten Exemplare der neuen Vini da Tavola, der Monprà: je zur Hälfte aus Barbera und Nebbiolo bestehend und zu je einem Drittel in neuen, ein- und zweijährigen Barriques ausgebaut, betört er mit einem diskreten Vanilleton, mit saftigen Fruchtsäuren, geschliffenen Tanninen und einem perfekten Körper.

Coppo
Via G.B. Giuliani 53
14053 Canelli
Telefon (0141) 823146

Seitdem beim ehemaligen Spumante-Erzeuger Coppo eine Generationenablösung stattgefunden hat und die vier Brüder Roberto, Piero, Paolo und Gianni das Ruder übernommen haben, weht ein neuer Wind: Ein Keller wurde gebaut, mit Barriques gefüllt, und die Produktion auf andere Weine ausgedehnt. Das Ziel sind leicht verständliche Weine, die das Format eines Hochgewächses besitzen. Die Rechnung geht nicht immer auf, doch mit den fäßchengereiften Barbera Pomorosso, Freisa Mondaccione (!), aber auch mit dem Spumante Riserva Brut haben die rührigen Brüder Außergewöhnliches anzubieten.

Corino
Fraz. Annunziata 25
12064 La Morra
Telefon (0173) 50715 – 50219

Renato Corino gehört mit Matteo Correggia zu den Hoffnungen der jüngsten Generation von Winzern aus der Langhe und dem Roero. Sein holzbetonter, kräftiger, nach Vanille und Heidelbeeren riechender Barbera Vigna Pozzo hat sich kongenial Altares Larigi zum Vorbild genommen. Der Barolo Vigna Giachini läßt für die Zukunft vielleicht noch mehr erwarten. Der 1988er jedenfalls war in seiner trockenen, tanninbetonten, kräuterwürzigen Art superb. Die Produktion ist gering, der Rebbesitz klein, die Zuversicht aber zu Recht groß.

Cornarea
Via Valentino 150
12043 Canale
Telefon (0173) 65636 – 65480

Kaum ein anderes Weingut hat sich so früh auf den Arneis konzentriert. Anfänglich war Ceretto beteiligt, heute lenkt Francesca Rapetti zusammen mit Önologe Luigi Bertini die Geschicke. Der Arneis ist im körperreichen, eher säurearmen Stil gehalten und duftet nach Äpfeln und Caramel. Daneben werden noch ein fruchtiger Roero und, aus getrockneten Arneis-Trauben, ein Dessertwein Tarasco erzeugt. Gesamtproduktion: 110 000 Flaschen.

Matteo Correggia
Cascina Garbinetto 64
12043 Canale
Telefon (0173) 9 50 09

Die Weine des Roero lassen sich nur schlecht mit denen der Langhe vergleichen. Die leichteren, sandigen Böden sorgen für schmeichelnde, fruchtbetonte Weine. Subtilität und Finesse stehen gegen Wucht und Tiefe. Das kommt den Rebsorten entgegen, die der Grazie mehr abgewinnen als der Bodenständigkeit. Arneis und Brachetto zählen dazu. Sie leben von ihren Blumen- und Früchtearomen. Matteo Correggia – noch jung an Jahren und noch nicht lange als Selbstkelterer tätig – gehört zu ihren besten Interpreten. Sein Roero Arneis besitzt erstaunliche Komplexität und eine reife, saftige Säure, die den Weißwein zum idealen Begleiter der piemontesischen Antipasti-Küche macht. Der – still und ohne Restzucker ausgebaute – Brachetto, heute im Monferrat mehr zu Hause als im Roero, riecht so verführerisch nach getrockneten Rosenblättern wie sonst nur noch Scarpas Brachetto. Doch auch Correggias Roero Bricco Anime bringt die spezifische Fruchtigkeit des auf Sandböden gewachsenen Nebbiolo in bestechender Reintönigkeit zur Geltung. Ein anderer Nebbiolo von der Lage La Val dei Preti zeugt von Matteos Flair für die Barrique-Vinifikation. Weich und füllig, mit geschliffenen Ecken und Kanten, erweist er dem Zeitgeist die Referenz.

Matteo Correggias eigentliches Meisterstück stellt aber sein Barbera Bricco Marun dar. Von großer Konzentration, Wucht und innerer Feinheit, hat er den Zimt- und Vanilleton der Barrique weit besser integriert als der Nebbiolo und die Aromen von Steinfrüchten und gerösteter Eiche in ein intelligentes Zusammenspiel gebracht. Correggia wandelt hier spürbar und höchst erfolgreich auf Elio Altares Spuren. Zu hoffen ist, daß er dereinst, wenn er sein Produktionsziel von jährlich 35000 Flaschen erreicht hat, mehr als 1500 Flaschen dieses großen und gesuchten Weins anbieten kann!

Giuseppe Cortese
Via Rabajà 35
12050 Barbaresco
Telefon (0173) 635131

Bäuerlich geprägter Familienbetrieb mit fülligem, fruchtbetontem, nicht allzu feinem Barbaresco Rabajà, Barbera, Dolcetto und Nebbiolo. Vater Giuseppe – er war lange Jahre Kellermeister auf La Martinenga von Marchesi Di Gresy – bewirtschaftet die 5,5 Hektar Reben. Sohn Piercarlo besorgt den Keller. Das Potential wird wohl zurzeit noch nicht voll ausgeschöpft.

Carlo Deltetto
Corso Alba 43
12043 Canale
Telefon (0173) 9383

40000 Flaschen duftiger Arneis und Favorita kommen aus diesem Gut, das sich auf die Erzeugung von Weißweinen konzentriert hat und diesen bemerkenswerten Charakter zu verleihen weiß.

Rudolf Denecke
Serra Capelli 31
12057 Neive
Telefon (0173) 677542

Die Schweizer Familie Denecke ist in der Barbaresco-Zone von Neive mit dem Jahrgang 1991 in die Produktion von Barbaresco und Dolcetto d'Alba eingestiegen.

Dogliotti
Str. Caudrina 20
12053 Castiglione Tinella
Telefon (0141) 855126

Das Weingut Caudrina von Redento Dogliotti steht heute in vordester Reihe der Moscato-Produzenten. Verantwortlich dafür ist Romano Dogliotti, der mit großem handwerklichem Können ungemein aromatischen Moscato keltert. Als Spitzenerzeugnis gilt der besonders konzentrierte, süße Cru La Galeisa. Mir persönlich ist die normale Version Caudrina in ihrer trockeneren Frischfruchtigkeit fast lieber.

Duca d'Asti

siehe Michele Chiarlo

Giacomo Fenocchio e Figli
Loc. Bussia Sottana 66
12065 Monforte
Telefon (0173) 78311

Traditionsverhaftetes Familienweingut, das rund 25000 Flaschen überaus lagentypischen, kräftigen Barolo Bussia Sottana und Cannubi Boschis erzeugt. Die Weine sind zuverlässig in ihrer Güte und äußerst langlebig.

Franco Fiorina
Via della Liberazione 3
12051 Alba
Telefon (0173) 42248

Bis ins Jahr 1990 gehörte Franco Fiorina zu den alten geachteten Weinhäusern der Langhe, die über keinen Rebbergbesitz verfügen, sondern die Trauben kaufen und die Weine durch Assemblage verschiedenster Lagen herstellen. Seit der Übernahme durch den Turiner Lebensmittelkonzern Bonino weht ein lebhafterer Wind, der zu moderner interpretierten Weinen und Cru-Abfüllungen führt. Rund zwanzig Hektar Rebland in verschiedensten Teilen des Barolo-Anbaugebiets konnten erworben werden. Die traditionell lange Gärung (40 bis 45 Tage beim Barolo) mit Cappello sommerso wurde zwar größtenteils noch beibehalten, die Faßlagerung aber verkürzt. Die Produktion beträgt zirka 300 000 Flaschen, welche die gesamte Palette Piemonteser Weine repräsentieren. Unter den Spezialitäten muß besonders der weiße Favorita hervorgehoben werden; Franco Fiorina nahm da schon immer eine Ausnahmestellung ein.

Fontanafredda
Via Alba 15
12050 Serralunga
Telefon (0173) 613161

Spricht man von diesem Weingut, so muß man zunächst einige Zahlen aufführen, um dessen Bedeutung ganz ermessen zu können: Rund 6,5 Millionen Flaschen werden jährlich abgefüllt. 3,5 Millionen sind Schaumwein, eine gute Million allein Barolo (800 000 bis 900 000 normaler, 100 000 bis 120 000 Einzellagen), was fast ein Fünftel der DOCG-Gesamtproduktion ausmacht! Den Zahlen auf den Fuß muß freilich die Geschichte folgen, denn die ist ebenso imposant: Die Villa von Fontanafredda geht zurück auf König Vittorio Emanuele II., der sie für seine Geliebte und spätere Frau Rosa Vercellana erbaute. Deren gemeinsamer Sohn

Emanuele Guerrieri, Graf von Mirafiori, gründete 1878 das Weingut. Dessen ganz in Ocker- und Brauntönen gehaltene Backsteinmauern erinnern an das Rot und Gold im savoyischen Königswappen. Bis 1931 blieb das herrschaftliche Gut in der Familie und mußte dann während der Weltwirtschaftskrise an die Bank Monte dei Paschi di Siena verkauft werden. Seither segelt es in stillerem Fahrwasser, was den rund hundert Angestellten ein Arbeiten in ruhiger Konstanz ermöglicht.

Die imponierende Menge und die eindrucksvolle Historie wären allerdings weniger bemerkenswert, würde die Qualität der Flaschen nicht stimmen. Natürlich sind die zehn- und hunderttausendfach erzeugten Baroli, Barbareschi, Barbere, Dolcetti, Gavi, Spumante – und was der im Piemont angebauten Sorten noch mehr sein mögen – nicht allesamt Spitzenweine: In der überwiegenden Zahl vertreten sie brav die Mittelmäßigkeit und bilden das breite Fundament von Fontanafredda. Es gibt jedoch darunter kaum einen Wein, den man nicht guten Gewissens zum Essen auf den Tisch stellen könnte! Und das scheint mir denn doch nicht selbstverständlich zu sein.

Dem soliden Unterbau sind Gewächse aufgesetzt, die qualitativ den Durchschnitt sprengen: Weine mit Gemeindebezeichnungen wie etwa Dolcetto d'Alba di Treiso oder Barolo di Serralunga. Oder Einzellagenabfüllungen wie Dolcetto di Diano d'Alba Vigna la Lepre, wie Barbera d'Alba Vigna Raimondo, wie der kräftig strukturierte Pinot-nero-Brut Gattinera und wie die Glanzlichter der Fontanafredda-Produktion – die sieben Crus aus den hauseigenen Rebbergen in Serralunga (La Bianca, La Delizia, Gallaretto, Gattinera, Lazzarito, La Rosa, San Pietro) sowie La Villa aus Paiagallo in Barolo. Einige von ihnen wurden schon 1964 erzeugt. Dann folgten in kluger Selbstdisziplin nur die Jahrgänge 1967, 1971, 1974, 1978, 1982,

1985, 1989 und 1990. Bei der Vinifikation beschreitet der verantwortliche Önologe Livio Testa traditionelle Pfade: Einer alkoholischen Gärung von 15 bis 20 Tagen folgt eine Kaltmazeration von nochmals 20 bis 25 Tagen. Der Ausbau vollzieht sich in traditionellen Holzbehältern, wobei die slowenischen Eichenfässer allmählich neuen französischen 35-Hektoliter-Fässern von Séquin-Moreau weichen. Testa will den Crus ein markantes Tanningepräge mitgeben und glaubt, daß die süßeren Gerbstoffe von französischer Eiche sich ideal mit den strengeren Tanninen der Nebbiolotraube vermählen. Man kann sich fragen, ob das Fuder mit acht Crus nicht etwas überladen wird. Nicht alle müßten zwangsläufig als Einzellage abgefüllt werden. Einige könnten – wie im Jahr 1988 geschehen, als auf die Lagenabfüllung insgesamt verzichtet wurde – einen herausragenden Serralunga-Barolo ergeben. Doch zumindest La Delizia, La Rosa und Lazzarito (dazu vielleicht auch noch Gattinera und La Villa) besitzen kraft ihres Bodens und kraft ihres Mikroklimas eine je eigene Persönlichkeit. Lazzarito – der Cru, den ich bisher am meisten schätzte: von großartiger Struktur und Vielschichtigkeit der 1982er – wurde 1984 gerodet und anschließend neu bepflanzt. Man wird bis weit in die neunziger Jahre hinein warten müssen, bis wieder ein neuer Jahrgang verfügbar sein wird.

Gastaldi
Borgata Albesani 20
12057 Neive
Telefon (0173) 677400

Dino Gastaldi erzeugt aus der Lage Morino in Rodello einen wunderbar reintönigen, nach Kirschen duftenden Dolcetto d'Alba. Bemerkenswert ist auch sein weißer Sauvignon. Auf einen Barbaresco wartet man mit Hochspannung. Der unerhört anspruchsvolle und selbstkritische Winzer verschiebt seine Freigabe immer wieder.

Gaja
Via Torino 36
12050 Barbaresco
Telefon (0173) 635158

siehe Porträt Seite 89

Piero Gatti
Loc. Moncucco 28
12058 S.Stefano Belbo
Telefon (0141) 840918

Kleines, feines Moscato-Weingut mit 3,5 Hektar Reben und jährlich 35000 Flaschen. Der Moscato aus dem Rebberg Moncucco – zwischen Santo Stefano Belbo und Castiglione Tinella gelegen – ist aromatisch, von kräftiger Struktur und besitzt weniger Kohlensäure als andere.

Bruno Giacosa
Via XX Settembre 52
12057 Neive
Telefon (0173) 67027

Gelingt einem das nicht ganz einfache Unterfangen, mit Bruno Giacosa ins Gespräch zu kommen, so registriert man einmal mehr, wie sich die Persönlichkeit des Weinmachers und diejenige seines Weines gleichen können. Im Fall des berühmten Giacosa verhält es sich so, daß sowohl Mann wie Wein lieber zuerst den jeweils anderen reden lassen wollen, beide also anfänglich verschlossen und unzugänglich wirken und erst nach einer gewissen Zeit des geduldigen Wartens auftauen und Ausdruck gewinnnen. Sowohl Mann wie Wein haben mit diesem Charakterzug Erfolg gehabt: Giacosa ist reich geworden, seine Barbareschi aus Santo Stefano und Gallina, seine Baroli aus Collina Rionda, Falletto, Rocche und Villero haben sich in der schmalen Gilde der Spitzengewächse etabliert.

Giacosas Werdegang entbehrt jeder spektakulären Note. Großvater wie Vater arbeiteten als sogenannte »Mediatore«. Sie suchten Trauben und vermittelten sie den großen Weinhäusern. Daß sie dabei zu profunden Kenntnissen über gute Winzer und gute Lagen gelangten und dieses wertvolle Wissen Bruno weitervererbten, versteht sich von selbst. Bruno wiederum reicherte den Fundus durch eigene Erfahrungen an und entschloß sich 1970, unter seinem Namen Wein abzufüllen. Ohne einen einzigen eigenen Rebstock, dafür aber mit den besten auf dem Markt verfügbaren Trauben machte er sein Glück.

Heute erzeugt er jährlich rund 400000 Flaschen Barbaresco, Barolo, Nebbiolo, Dolcetto, Barbera, Grignolino, Moscato, Arneis und Schaumwein. Land hat er inzwischen doch etwas gekauft: 1984 den acht Hektar großen Weinberg Falletto in Serralunga. Neben den Streifzügen durch die Hügel der Langhe, wo er die Reben kennt wie kaum ein anderer, hält er sich mit Vorliebe im Keller auf. Seine Weine – und da vor allem die Barbaresco- und Barolo-Crus – hätten nicht die bekannte Güte, wäre er nicht auch ein großartiger Vinificatore. Aus seinem Rezept macht er kein Geheimnis. Die Trauben werden so lange auf den Schalen vergoren, bis sie das Maximum an Farbe und Tannin hergegeben haben. Je nach Jahrgang und Qualität der Materia prima konnte das früher bis zu zwei Monate dauern. Dem heutigen Traubengut will Giacosa solche Strapazen nicht mehr zumuten: geschwächt durch Düng- und Spritzpraktiken, würde es sie nicht ertragen. Einen Monat dauert die Prozedur indes noch allemal. Langer Faßausbau ist obligatorisch. Vier, fünf, ja sechs Jahre sind bei den gesuchten (und teuren) Riservas mit dem auf viele Liebhaber geradezu elektrisierend wirkenden karminroten Etikett die Regel. Barriques verpönt er; dennoch will er auf die Impfung mit Eichentanninen nicht verzichten. Jetzt stehen neue 110-Hektoliter-Fässer im Keller, auf deren Sauberkeit er größten Wert legt. (Der Kellerangestellte, der sich bei meinem letzten Besuch wie ein Schlangenmensch aus dem Spundloch des frisch gereinigten Fasses wand, lieferte für diese Beteuerung den Wahrheitsbeweis.)

Giacosas dergestalt erzeugten Weine brillieren vor allem durch Charakter und Lagentypizität. Opulenz, große Struktur und schier unendliche Langlebigkeit sind ihr Merkmal, nicht aber unbedingt die absolute Reintönigkeit. Doch viele dieser anfänglich störenden Ungereimtheiten im Duft verflüchtigen sich im Laufe der Reifezeit. Und seine Barbareschi und Baroli sind ja auch für die Lagerung bestimmt.

Von den beiden jüngsten Schöpfungen des Meisters, die das Bild vom etwas unbeweglichen Traditionalisten nachhaltig korrigierten, läßt sich gleiches allerdings nicht sagen: Sowohl der Arneis wie der mit dem Jahrgang 1983 in klassischer Flaschengärung erstmals erzeugte Spumante Extra Brut sind im Jahr nach der Marktfreigabe zu trinken. Der Arneis gilt mit seinem ungemein aromatischen Bouquet, dem fast untypisch kräftigen Körper (gewisse Stimmen munkeln von einer Zugabe von Pinot grigio oder Chardonnay) und der milden Säure für viele als bester Vertreter dieser Modesorte. Giacosa hat hier früh eine gute Nase bewiesen und die Produktion inzwischen beträchtlich ausweiten können. Würde der Wein freilich trockener ausfallen (ohne Restzukker), er gefiele mir noch besser. Der Schaumwein schließlich ist ein reinsortiger Pinot nero aus dem Oltrepò Pavese. Die rund 20 000 Flaschen werden in Neive in einem eigens gebauten Keller hergestellt. Beim Jahrgang 1988 soll vollständig auf die Zugabe von Dosage verzichtet werden. Er dürfte damit an Feinheit nur noch gewinnen.

Fratelli Giacosa
Via XX Settembre 64
12057 Neive
Telefon (0173) 6 70 13

Nur wenige Häuser von Bruno Giacosa entfernt führen die gleichnamigen Renzo und Valerio Giacosa eine Weinkellerei, die außer dem Namen nichts mit dem so viel reputierteren Nachbarn zu tun hat. Jährlich werden rund 400 000 Flaschen aus gekauften Trauben praktisch aller langarolischen Sorten erzeugt. Bemerkenswert sind Barolo Pira, Barbaresco Roccalini und ein barriquegereifter Barbera Maria Giovanna, bei dem der Flascheninhalt entschieden besser gefällt als das scheußliche Etikett.

Gillardi
Cascina Corsaletto 69
12060 Farigliano
Telefon (0173) 7 63 06

Giacolino Gillardi arbeitet als Önologe für Ceretto auf der Tenuta La Bernardina. Zu Hause im Dogliani-Gebiet bewirtschaft er zusammen mit Vater Giovanni Battista 4,5 Hektar Dolcetto-Rebberge und vinifiziert zwei vorzügliche, kräftig strukturierte Crus: Vigna Maestra und Cursalet.

Cantina del Glicine
Via Gulio Cesare 1
12057 Neive
Telefon (0173) 6 72 15

Im zauberhaften Innenhof rankt sich ein Glyzinienstrauch die Hauswand hoch, unter dem Erdboden verbirgt sich einer der schönsten Gewölbekeller der Langhe: Adriana Marzi und Roberto Bruno hätten sich keinen hübscheren Ort aussuchen können für die Verwirklichung ihres Aussteigertraums als dieses kleine, stilvolle Weingut im oberen Ortsteil von Neive. Seit 1980 arbeiten die beiden mit viel Flair für einen duftigen, ätherischen, zarten, schnell zugänglichen Wein professionell als Winzer und Erzeuger. Die beiden besten Gewächse kommen aus zwei Lagen in Eigenbesitz: Barbaresco Curà und Marcorino. Arneis, Dolcetto, Barbera, Glicinello (ein Rosato aus Nebbiolo und Freisa) ergänzen die Produktion von 40 000 bis 50 000 Flaschen.

Elio Grasso
Via Garibaldi 17
12065 Monforte
Telefon (0173) 7 84 91

In jüngeren Jahren hatte es Elio Grasso aus der Langhe weg in die Stadt gezogen. Er brachte es in Turin bis zum Bankdirektor. Zu Hause lagen inzwischen die Weinberge seines Vaters brach: beste Lagen in Gavarini und Ginestra. Mit vierzig Jahren tauschte Grasso den gepflegten Anzug wieder mit den Arbeitskleidern des Winzers und begann die väterlichen Reben zu bewirtschaften und die Ernte zu keltern.
　Ab Jahrgang 1987 stand ihm dabei der Önologe von Marchesi Di Gresy, Piero Ballario, zur Seite,

und mit der Qualität seiner Weine ging es steil aufwärts. Heute gehört Grasso mit seinen Freunden Elio Altare, Domenico Clerico, Guido Fantino, Enrico Scavino etc. zu den Hoffnungsträgern des Barolo-Gebiets.

Grassos beste Gewächse sind die zwei Baroli Ginestra Vigna Casa Matè und Gavarini Vigna Rüncot. Beides sind mittelgewichtige Weine mit einer festen, dichten Tanninstruktur. Casa Matè ist fruchtbetonter, leichter verständlich, öffnet sich schneller; Rüncot aus nährstoffärmerem Boden gibt sich anfänglich spröder, besitzt aber mehr Tiefe und größeres Potential. Ihnen steht der Barbera Vigna Martina nicht viel nach. Er hat die Barriquewürze gut integriert und betört mit Frucht, Saft und Rasse. Dolcetto Vigna dei Grassi und der nur kurz an der Maische vergorene Nebbiolo Gavarini besitzen dagegen einen unkomplizierteren, süffigen Stil.

Ein Weißwein darf nicht fehlen: Er heißt Educato, ist – natürlich – ein Chardonnay, hatte seine Premiere mit dem Jahrgang 1990 und wurde in der Barrique ausgebaut. Der Gesamttrebbesitz beträgt zwölf Hektar (wegen Neupflanzungen noch nicht alles im Ertrag), das Produktionsziel sind 60000 Flaschen.

Eredi Lodali
Viale Rimembranze 5
12050 Treiso
Telefon (0173) 638109

Im Zentrum dieses von Rita Lodali geführten Weinguts stehen der bemerkenswerte Barbaresco Vigneto Rocche dei 7 Fratelli, der fruchtbetonte, weniger strukturierte Barolo Vigneto Bric Sant'Ambrogio und der kräftige Dolcetto Vigneto Sorj Canta.

Malabaila
Il Castello
12043 Canale
Telefon (0173) 9 40 44

Das alte Schloß von Canale beherbergt ein imposantes Weingut mit 22 Hektar Rebbesitz im Roero-Gebiet. Spitzenprodukt ist der fruchtig-dichte Nebbiolo Bric I Merli. Daneben gefallen vor allem der trockene, schlanke Arneis Pradvaj und ein wunderbar süffiger Roero Bric Volta.

Malvirà
Via S. Stefano Roero 56
12043 Canale
Telefon (0173) 9 50 57

Roberto Damonte gilt als einer der besten Weißweinwinzer um Alba. Sein Arneis Renesio verkörpert einen frischfruchtigen, apfelsäuregeprägten Stil. Leider ist er nicht immer ganz trocken. Unter den 70 000 bis 90 000 Flaschen, die das technologisch hochgerüstete Weingut jährlich verlassen, befinden sich aber auch rote Gewächse, so etwa ein Roero Renesio und ein barriquegereifter Verschnitt von Barbera, Bonarda, Nebbiolo und Freisa San Guglielmo.

Giovanni Manzone
Via Castelletto 9
12065 Monforte
Telefon (0173) 7 81 14

Giovanni Manzone bewirtschaftet zusammen mit seinem Vater Stefano sieben Hektar in der hochgeachteten, aber kaum einmal auf einem Etikett auftauchenden Lage Gramolero. Die Trauben keltert er alle selber, doch füllt er erst einen Teil unter eigenem Namen ab. Den Rest verkauft er vorläufig noch als Offenwein. Inzwischen reicht es aber doch zu 13000 Flaschen Barolo Gramolero, der durch seine Frucht- und Tanninkonzentration frappiert. Das langlebige Gewächs kann die klassische Kelterung (ein Monat Maischegärung) nicht verleugnen. Barbera und Dolcetto vervollständigen das Angebot und tragen ebenfalls zum guten Eindruck bei. Die kommenden Jahrgänge 1989 und 1990 werden den Aufstieg des Weinguts bestimmt noch beschleunigen.

Marcarini
Piazza Martiri 22
12064 La Morra
Telefon (0173) 50222

Marcarinis Weinwurzeln in La Morra reichen ins letzte Jahrhundert zurück. Bis heute wurde dieses Erbe fruchtbar verwaltet. Die Weine – Barolo Brunate und La Serra, Dolcetto Boschis di Berri (von Rebstöcken aus der Zeit vor der Reblaus), Fontanazza und Nassone, Barbera Fontanazza usw. – erfuhren stets eine traditionelle Vinifikation (Maischegärung bis zu fünf, sechs Wochen) und gerieten dennoch meist reif, samtig, voll und elegant. Nun ist Elvio Cogno, der Garant dieses Handwerks, gegangen. Anna Marcarini trägt die Verantwortung. Man wünscht ihr einen bruchlosen Übergang.

Marengo Marenda
Via del Laghetto 1
12064 La Morra
Telefon (0173) 50137

Acht Hektar groß ist der Besitz dieses Weinguts

in Cerequio, einer der besten Lagen des Barolo-Gebiets. Piero Marengo und Stefano Marenda haben den Betrieb übernommen. Der frühere Name »Casa Vinicola Piemontese« soll schnell in Vergessenheit geraten. Das Lagenpotential ist groß, die Vorschußlorbeeren sind es auch.

Marchesi di Barolo
Via Alba 12
12060 Barolo
Telefon (0173) 56101

Die Marchesi di Barolo gehören zu den Großen unter den Weinproduzenten der Langhe. Rund drei Millionen Flaschen Weiß- und Rotwein, die praktisch das ganze Piemonteser Sortiment abdecken, beträgt der jährliche Kellereiausstoß. 350000 allein sind Barolo, für den anspruchsloseren Markt konzipiert, meist von ordentlicher Qualität und preisgünstig. Wären da nicht die fünf Einzellagenabfüllungen, der Betrieb könnte sich nur wenig auf seine stolze Vergangenheit einbilden. Die Weinfirma Marchesi di Barolo geht nämlich zurück auf das Geschlecht der Falletti di Barolo, die noch bis ins 19. Jahrhundert hinein die Geschicke des Barolo bestimmten. Nach dem Aussterben der Familie wurde das Weingut in eine Stiftung (Opera Pia Barolo) überführt, schließlich 1929 von Pietro Emilio Abbona gekauft und als »Marchesi di Barolo« neu begründet.

Heute leiten die Nachkommen des einstigen Firmengründers aus den Familien Abbano und Scarzello den Betrieb. Mit kundiger Hilfe des Önologen Roberto Vezza, dessen Frau Josetta Saffirio im Weiler Castelletto bei Monforte übrigens in kleinster Menge einen exzellenten Barolo erzeugt, keltern sie in guten Jahren die Trauben aus ihren besten Lagen separat (2,1 Hektar Brunate, 4 Hektar Cannubi, 2,4 Hektar Coste di Rose, 3,2 Hektar Sarmassa und 3,7 Hektar Valletta) und füllen zwischen 40000 und 50000 Flaschen ausdrucksstarken, lagentypischen Barolo ab.

Auch wenn die Marketingverantwortlichen meinten, in Anlehnung an die grassierende Design-Neurose ihren Wein ab Jahrgang 1988 in höchst unpraktischen, geschmäcklerischen Glasgebilden präsentieren zu müssen, so bringen sich die verschiedenen Crus glücklicherweise noch immer selbst zur Geltung: Brunate und Cannubi wirken etwas leichter und eleganter, reifen rascher; Sarmassa (teilweise in 700-Liter-Eichenfässern gereift) und Valletta sind robuster und dichter gebaut; Coste di Rose schließlich besitzt einen ganz eigenen, unverwechselbaren Charakter: ein wilder, ungebärdiger Barolo mit kräuterartigen Aromen.

Bartolo Mascarello
Via Roma 12
12060 Barolo
Telefon (0173) 56125

Um Bartolo Mascarello, den großen Weisen aus Barolo, ranken sich viele Geschichten, Legenden, Mythen. Ein Mythos wenigstens ist vor ein paar Jahren zerstört worden. Die Journalisten werden künftig beim Abschreiben aufpassen müssen: Bartolo besitzt jetzt ein Telefon. Mit dem Fall der Berliner Mauer – so erzählt er – fielen Mauern auch bei ihm: Seine Tochter ließ ihm in einem regelrechten Überraschungscoup eine Leitung installieren. Nun schrillt der Apparat alle paar Minuten, Bartolo humpelt zum Hörer, gleichermaßen belustigt wie pikiert, und man begreift plötzlich, wie störend dieser unvermittelte Einbruch von Welt sein kann, und warum er sich stets dagegen gewehrt hatte.

Bartolo bezeichnet sich selbst als Konservativen in Wein-Dingen (in der Politik sei er fortschrittlich). Mit zunehmendem Alter schwankt er immer häufiger zwischen sanfter Ironie und beißendem Spott. Die Cru-Mode ist ihm ein Stein des Anstoßes (es fehlten der historische Beleg und die Kontrolle; die besten Lagen wie Cannubi würden quasi über Nacht Erweiterungen erfahren), die Barrique ein Graus (ein sizilianischer sei darin kaum mehr von einem piemontesischen Wein zu unterscheiden). Er sieht sich als Verteidiger eines herkömmlichen, authentischen Barolo und weiß, daß er keine Chance gegen die neue Entwicklung hat und von ihr überrollt wird.

So zieht er sich am liebsten hinter seinen Schreibtisch zurück und malt in wunderschönen Farben selbstgezeichnete Etiketten aus, schmollend und gleichzeitig sich schalkhaft über diese kindlich-naive Attitüde lustig machend.

Sein Barolo, den er inzwischen mit Hilfe des jungen, gleichgesinnten Önotechnikers Sandro Fantino aus den vier Reblagen Cannubi, Rué, San Lorenzo und Torriglione erzeugt, besitzt Weltruhm, nur muß ich ihn immer erst ergründen: Im Bouquet gibt er sich anfänglich vielfach reduktiv – dekantieren empfehlenswert! -, erinnert mit den nicht immer ganz transparenten Aromen (Unterholz, Pilze, Trüffel) an die alte Schule, im Geschmack jedoch hat er unbestreitbar Stil. Kraft ist da mit Eleganz gepaart (typisch Cannubi), Gerbstoff bleibt im Hintergrund, der ganze feine, »seidige« Bau ist von einer beschwingten Frische getragen. Bartolo erzeugt keinen Wein für – salopp ausgedrückt – Nasenakrobaten, sondern für Zungenkünstler. 20000 Flaschen sind es ungefähr, alle liebevoll handwerklich hergestellt. Ein Dolcetto, ein über der Nebbiolo-Maische vergorener Freisa und ein reizvoll herber Grignolino runden das Sortiment ab.

Giuseppe Mascarello e Figlio
Via Borgonuovo 108
12060 Monchiero
Telefon (0173) 792126

siehe Porträt Seite 100

Moccagatta
Via Rabajà 24
12050 Barbaresco
Telefon (0173) 635152 – 635228

Bis in die achtziger Jahre war das Weingut der beiden Brüder Franco und Sergio Minuto ein kleiner, bäuerlich geprägter Betrieb, der die meisten Trauben aus den elf Hektar Reben offen verkaufte. Inzwischen wurde ein neuer Keller errichtet, die Vinifikation modernisiert, der Barbaresco in drei verschiedenen Crus ausgebaut, Chardonnay gekeltert, Barriques wurden angeschafft, und ab 1992 sollen auch keine Trauben mehr verkauft werden. Treibende Kraft hinter diesem kompletten Identitätswechsel ist wohl der amerikanische Courtier Marc de Grazia, der seinen Einfluß auch in so vielen anderen kleineren Weingütern Italiens geltend macht. So ganz geheuer ist die Sache den Minutos noch nicht, und sie staunen häufig über ihren Mut, doch mit ihren Weinen scheinen sie auf einem erfolgsversprechenden Weg zu sein. Dem Barrique-Einsatz fehlt vielleicht noch die letzte Perfektion, im Barbera Basarin di Neive dominiert das Holz noch stark, und auch der Barbaresco Bric Balin kann den Eichenkuß nicht verleugnen. Mit dem Chardonnay Buschet erzeugen sie aber einen der gelungensten Fäßchen-Weine der Langhe, der Barbaresco Cole gefällt durch seine natürliche Robustheit, und während man auf ihn und Bric Balin wartet, kann man sich den früher zugänglichen Barbaresco Basarin zu Gemüte führen.

Mauro Molino
Fraz. Annunziata
12064 La Morra
Telefon (0173) 50814

Zehn Hektar – davon sechs in Eigenbesitz – bewirtschaftet Mauro Molino, promovierter Agronom und einstiger Berater anderer Weinerzeuger, zusammen mit seiner Familie. Ein barriquegereifter Barbera-/Nebbioloverschnitt Acanzio hat ihm erste Lorbeeren eingetragen. Seine wahre Leidenschaft aber gilt dem Barolo aus der Lage Conca dell'Annunziata.

Monfalletto
Fraz. Annunziata 67
12064 La Morra
Telefon (0173) 50344

1987 starb Paolo Cordero di Montezemolo, den man in La Morra nur »Il Cunt« – der Graf – gerufen hatte. Als Abkömmling des Falletti-Clans stammte er aus ältestem Barolo-Adel und setzte in den siebziger Jahren mit seinem parfümreichen, feingliedrigen, trinkfreundlichen Monfalletto aus La Morra und dem etwas tiefer strukturierten, aber gleichwohl eleganten Enrico VI aus der Lage Villero in Castiglione Falletto Meilensteine in der damals noch gleichförmigeren Barolo-Landschaft. In den achtziger Jahren ist die Qualität der beiden Weine etwas unregelmäßig geworden. Die Erträge sollen manchmal auch gar hoch gewesen sein, munkelte man. Inzwischen haben die zwei Söhne Giovanni und Enrico die Leitung übernommen. Von einer Rückkehr zur früheren Topqualität kann aber leider noch nicht definitiv berichtet werden. Das Sortiment (neben Barolo, Barbera und Dolcetto) wurde in den letzten Jahren durch einen neutralen

Arneis und einen etwas exotischen Chardonnay Elioro ergänzt. Gesamtrebbesitz: 22 Hektar.

La Morandino
Strada Morandini 11
12053 Castiglione Tinella
Telefon (0141) 855261

Der junge Giulio Morando erzeugt aus 16 Hektar Rebland 25000 Flaschen feinduftigen, nachhaltigen Moscato d'Asti und 5000 Flaschen frischfruchtigen Chardonnay.

Musso
Via Domizio Cavazza 5
12050 Barbaresco
Telefon (0173) 635129

90000 Flaschen füllt der diplomierte Önologe Walter Musso jährlich mit Hilfe seines Vaters Agostino von seinen zwölf Hektar Rebenbesitz ab. Die Barbareschi stammen auch aus Pora und Rio Sordo, die Qualität ist steigend, das Gut im Auge zu behalten.

Fiorenzo Nada
Loc. Rombone – Via Ausario 12c
12050 Treiso
Telefon (0173) 638254 – 280522

Noch arbeitet Bruno Nada vormittags als Gewerbeschullehrer in Alba und nur nachmittags und wochenends im Keller. (Die vier Hektar Reben betreut mit großer handwerklicher Kunstfertigkeit sein Vater Fiorenzo.) Doch die Zeit ist absehbar, da es Bruno ganztags zum Wein hinzieht. Denn die Nachfrage ist in den letzten Jahren der markant verbesserten Qualität wegen unablässig gestiegen. Sein Barbaresco Rombone gehört heute mit seiner Reintönigkeit, Eleganz und Finesse zu den besten des Anbaugebiets. Großartig ist auch der Barriquewein Seifile (80 Prozent Barbera, 20 Prozent Nebbiolo) aus winziger Produktion. Bruno hat damit gezeigt, wie geschickt er mit dem Holz umzugehen weiß. Ein rustikaler Dolcetto und ein moderner, mit Governozusatz wie in der Toskana kurzvergorener Nebbiolo delle Langhe runden das attraktive, mengenmäßig aber kleine Sortiment ab.

Andrea e Ornella Oberto
Via G. Marconi 25
12064 La Morra
Telefon (0173) 50 92 62

Kleines, handwerklich geführtes Winzergut mit elegant-fruchtigen Weinen. Spitzenprodukte sind der Barolo Rocche und der mächtige Barbera Giada. Er stammt aus über sechzigjährigen Reben, wurde in neuen 600-Liter-Fäßchen aus Tronçais-Eiche ausgebaut und ist so weich wie Samt.

Oddero
Via Santa Maria
12064 La Morra
Telefon (0173) 5 06 18

Bis zum Jahrgang 1985 füllte man auf diesem traditionsreichen, über beste Rebberge im ganzen Barolo-Gebiet verfügenden Weingut lagenvermischt ab. Dann aber sind Giacomo und Luigi Oddero auf den Cru-Zug aufgesprungen und begannen, die besten Lagen getrennt zu vinifizieren: Mondocca di Bussia Soprana, Rocche di Bussia, Vigna Rionda. Die Qualität ist sehr solide, und seitdem die junge Cristina Oddero ihr beträchtliches Können beisteuert, darf ein zusätzlicher Aufschwung notiert werden. Der stattliche Besitz beträgt 40 Hektar, die jährliche Produktion gegen 200 000 Liter Barolo, Barbaresco, Dolcetto und Barbera.

I Paglieri
Via Rabajà 8
12050 Barbaresco
Telefon (0173) 63 51 09

Alfredo Roagna ist ein experimentierfreudiger Querkopf. Sein erfolgreichster Wein ist ein barriquegereifter Verschnitt von drei Nebbiolojahrgängen mit dem plagiatorisch anmutenden Namen Opera Prima. Marc de Grazia brachte ihn vor Jahren darauf – den amerikanischen Markt im Visier. Den Crichët Pajé, seinen besten, nur in guten Jahrgängen erzeugten, lange auf den Schalen vergorenen Barbaresco deklassierte er aus Mißtrauen gegen das DOCG-System freiwillig zum Vino da Tavola. Er ist entsprechend teuer, besitzt rustikalen Charakter, weist aber auch Qualitätsschwankungen von Jahr zu Jahr auf. Kürzlich erfuhr der Fünf-Hektar-Rebbesitz in Barbaresco eine Ergänzung durch den Zukauf von Land in Castiglione Falletto. Alfredo wird sich auf seine originelle Art auch im Barolo-Gebiet zu bewähren wissen.

Parusso
Loc. Bussia 55
12065 Monforte
Telefon (0173) 7 82 57

Seit dem Tod von Vater Armando Parusso führen die Geschwister Tiziana und Marco Parusso auf vorbildliche Art und Weise den acht Hektar großen Betrieb. Pièce de Résistance sind die beiden komplett unterschiedlichen Baroli Mariondino und Bussia. Ersterer stammt aus einer bloß durchschnittlichen Lage mit Ostexposition in Castiglione Falletto. Seinen Möglichkeiten gemäß, wird er in der Regel nicht allzu lange vergoren (15 Tage) und nur eineinhalb Jahre im traditionellen Holzfaß ausgebaut. Er besticht durch überwältigende Fruchtfülle und einen weichen Körper, besitzt frühe Trinkreife. Von etwas anderem Kaliber ist der vorläufig leider nur in kleiner Menge vorhandene Bussia: Das bessere Traubengut läßt eine klassische Maischegärung von bis zu 30 Tagen zu. Der Faßausbau ist auch eher kurz, die Lagerung in der Flasche wird vorgezogen. Der Wein begeistert durch Stoff, Kraft, Struktur und eine weiche Tanninfracht. Etwas enttäuschend fiel der 1986er aus, besser der 1988er, großartig der 1989er.

1990 konnte die Familie Parusso in Bussia eineinhalb Hektar dazupachten und wird in Zukunft 7000 bis 8000 Flaschen von diesem eindrucksvollen Wein anbieten können. Weitere Indizien für den dramatischen Aufstieg des Weinguts: ein kräftiger, etwas wilder Dolcetto, ein weicher, saftiger Barbera, ein verführerischer, barriquegereifter Barbera Bricco di Pugnane und ein erstaunlich gelungener, frisch-aromatischer Sauvignon mit diskret-würziger Holznote.

Elia Pasquero
Loc. Serra Boella
12057 Neive
Telefon (0173) 67343

Aufstrebendes Familienweingut mit einer Produktion von rund 50000 Flaschen. Die beiden Spitzenweine sind der fruchtbetonte Barbaresco Sorì Pajtin und der fäßchengereifte Barbera-/Nebbiolo-Verschnitt Paitin.

Luigi Pelissero & Figlio
Borgata Ferrero 19
12050 Treiso
Telefon (0173) 638136

Luigi Pelissero in den Reben und Sohn Giorgio im Keller arbeiten ehrgeizig am Aufstieg dieses elf Hektar großen Betriebes. Eben wurde ein neuer Keller gebaut, in dem die gute Materia prima besser verarbeitet werden kann. Barbaresco Vanatou, Dolcetto Augenta und Barbera sind vielversprechend.

Pianpolvere Soprano
Loc. Bussia 32 – Strada Alba-Monforte
12065 Monforte
Telefon (0173) 78335

20000 von Hand etikettierte Flaschen verlassen jährlich dieses kleine Familienweingut mit guten Lagen, das seit dem Eintritt von Sohn Ferruccio Fennocchio dramatisch an Qualität zugelegt hat.

Pio Cesare
Via Balbo 6
12051 Alba
Telefon (0173) 42407

Das Albeser Weinhaus Pio Cesare kann auf eine lange und renommierte Geschichte zurückblicken. 1881 von Pio Cesare gegründet, befindet es sich noch immer – inzwischen in vierter Generation – in Familienhand. Pio Boffa heißt heute der junge

Inhaber, und er machte sich seit Stellenantritt energisch an die Wiederauffrischung des in den siebziger Jahren etwas verblaßten Ruhms der Kellerei. Von der Politik der Assemblage wurde etwas abgerückt und mit dem 1985er Barolo Ornato ein Cru aus einem hauseigenen, 14 Hektar großen, mit Barbera, Dolcetto und Nebbiolo bestockten Rebberg in Serralunga präsentiert. 50 Prozent des Weins wurden 18 Monate lang in zweijährigen Barriques ausgebaut, und was 1985 noch etwas unausgegoren wirkte, vermochte im Folgejahrgang zu gefallen: ein fülliger, moderner, von einem delikaten Holzton getragener Wein, der zwar dem internationalen Weingeschmack hofiert, daneben aber durchaus Eigenständigkeit besitzt. Pio Boffa setzt zusammen mit seinem Önologen, dem Tachis-Schüler Paolo Fenocchio, ohnehin große Hoffnungen auf die Barriques, baut seit 1982 zunehmend mehr auch die lagenverschnittenen Barolo, Barbaresco und Barbera mit Erfolg darin aus. Neben der Cascina Ornato besitzt Pio Cesare noch die 13 Hektar große Lage Cascina Bricco in Treiso, wo 90 Prozent der Barbaresco-Trauben und der barriquevinifizierte, recht mächtige Chardonnay Piodilei herkommen. Die restlichen Trauben für die Weinproduktion des Hauses werden zugekauft. Rund 250 000 Flaschen verlassen durchschnittlich die Kellerei im Zentrum von Alba. Sie erfassen praktisch die gesamte Sortenpalette des piemontesischen Weinbaus, 80 000 entfallen auf Barolo und Barbaresco.

Pira
Via Vittorio Veneto 1
12060 Barolo
Telefon (0173) 5 62 47

Chiara Boschis von Giacomo Borgogno hat sozusagen die Nachfolge des legendären Luigi Pira –

jenes letzten großen Barolo-Originals – angetreten. Sie stampft zwar die Trauben nicht mehr mit bloßen Füßen und will sich auch nicht in den Dorfbrunnen von Barolo stürzen, versucht aber, aus den hervorragenden Lagen in Cannubi, San Lorenzo und Via Nuova ähnlich authentische Baroli zu keltern.

Produttori del Barbaresco
Via Torino 52
12050 Barbaresco
Telefon (0173) 635139

Weingenossenschaften genießen in Italien im allgemeinen nicht den besten Ruf. Sie arbeiten nach industriellen Normen, gehören einer bestimmten politischen Partei an oder sind an die Kirche gebunden. Die 1958 gegründete Cantina Produttori del Barbaresco bildet die Ausnahme von der Regel. Sie ist die wohl unabhängigste und beste italienische Genossenschaft. Ihre Politik des getrennten Ausbaus einzelner traditionsreicher Lagen in Jahren von besonderer Güte – 1967 erstmals mit Erfolg angewandt – setzte den Maßstab nicht nur für andere Genossenschaften, sondern auch für private Weinproduzenten. Die qualitätsbewußte Arbeit der Cantina ist natürlich erklärbar: Mit sechzig Mitgliedern ist ihre Größe noch überschaubar. Sie verarbeitet nur Nebbiolotrauben, was im Verlaufe der Jahre zur gründlichen Kenntnis der spezifischen Eigenart dieser Rebe geführt hat. Sie bezahlt nach Qualität, kennt die Vollabgabepflicht, kontrolliert den Rebschnitt, berät bei der Verwendung von Fungiziden und Herbiziden. Sie besitzt zudem ein unschätzbares Kapital an Rebbergen in den klassischen Lagen von Barbaresco. (Mit 110 Hektar Weinbergen kontrolliert sie beinahe ein Viertel des gesamten Anbaugebiets). Schließlich hat sie in Celestino Vacca einen Präsidenten, der für die Kontinuität einer auf handwerklich-traditionellen Grundlagen beruhenden Rebbergpflege und Vinifikationsweise bürgt, welche stets die Ehrlichkeit und Typizität des Weins in den Mittelpunkt stellt. Sie hat auch mit Gianni Testa einen Önologen, der diese Philosophie praktisch umzusetzen weiß. Und sie verfügt mit Celestinos Sohn, Aldo Vacca, über einen hellen Kopf, der viel von Wein und fast noch mehr von dessen Marketing versteht.

Nach einer etwas moderneren Kelterung im Jahrgang 1985 wurde 1988, 1989 und 1990 wieder zur früheren robusten Vinifikation mit vierwöchiger Maischegärung und Cappello sommerso zurückgekehrt. Die in diesen drei überdurchschnittlich guten Jahren hergestellten Crus – daneben wird natürlich von jeder Ernte ein ordentlicher normaler Barbaresco mit einem unschlagbaren Preis-/Leistungsverhältnis vermarktet – dürften ab Frühling 1993 bzw. 1994 und 1995 wieder den Anspruch einlösen, den ihre magischen Namen besitzen: Asili, Moccagatta, Montefico, Montestefano, Ovello, Pajé, Pora, Rabajà und Rio Sordo. Sie bezüglich ihrer Güte zu klassieren, ist fast unmöglich. Immer ist es wieder ein anderer, der besonders hervorsticht. Generell könnte man aber sagen, daß Ovello und Pora früher reifen, weniger komplex sind; daß Montefico, Montestefano und Rio Sordo normalerweise mehr Tannin besitzen und daß Asili noch vor Rabajà vielleicht der kompletteste aller Weine ist.

Prunotto
Regione S. Cassiano 49
12051 Alba
Telefon (0173) 280017

Prunotto gehört zu den meistrespektierten Weinhäusern der Langhe. Dies verdankt der Betrieb zum einen seinen charakterstarken, qualitativ stets zuverlässigen Weinen, zum anderen aber der Persönlichkeit von Beppe Colla, der die Kellerei 1956 von Firmengründer Alfredo Prunotto übernehmen konnte und die Weinbereitungsphilosophie in mehreren, klug überlegten Etappen seinen Vorstellungen und den gewandelten äußeren Bedingungen anpaßte, ohne jemals die Tradition des langarolischen Weinbaus zu verraten.

Prunotto war bis vor kurzem ein klassischer Vertreter der Gilde der Weinhändler, die über keinen eigenen Rebbesitz verfügen und ihre Weine von Vertragswinzern oder auf dem Traubenmarkt kaufen. Das konnte Colla aber nicht davon abhalten, schon mit dem Jahrgang 1961 die ersten Einzellagenabfüllungen vorzunehmen – zu einer Zeit, da noch alle Kollegen das Prinzip der Assemblage hochhielten. Die damals erzeugten Barolo Bussia (Monforte) und Barbaresco Montestefano stehen heute noch auf dem Programm.

1972 zog Colla in einen neu erbauten Weinkeller vor den Toren Albas, dessen Konstruktion allein von den Gesetzen des – logisch durchdachten – Vinifikationsprozesses bestimmt wurde, und der über einen einzigartigen, sakral wirkenden Lagerraum mit konstanter Temperatur für die abgefüllten Flaschen verfügt. Die Maischegärung wurde im Verlaufe der Jahre auf 15 Tage reduziert, der Faßausbau auf etwas mehr als zwei Jahre (Barolo) und ein Jahr (Barbaresco) beschränkt, die Flaschenlagerung bis zur Marktfreigabe dagegen auf mindestens ein Jahr verlängert. Seit 1985 kommen für kurze Zeit neue französische Eichenholzbehälter von 36 und 50 Liter Inhalt zum Einsatz. Sie schenken den Weinen einen diskreten, aber spürbaren Holzton, ohne gleich mit Barriquedominanz zu befremden (mit denen Colla übrigens schon 1953 fruchtlos experimentiert hatte!). Weißweine erzeugt der Betrieb keine. Die Gegend um Alba stellt für Beppe Colu ein ausgesprochenes

Rotweinterroir dar. Prunottos Weißwein sei der fruchtbetonte hauseigene Roero. Und auch gebietsfremde Sorten würden Prunotto nicht interessieren. Ihr Cabernet sei der Barbera Pian Romualdo, doppelt Tino Colla nach, der seinem Bruder in den achtziger Jahren in den Betrieb gefolgt ist.

Ende 1989 übernahm Antinori die Mehrheit von Prunotto, ohne daß sich dies allerdings auf die Führung der Kellerei ausgewirkt hätte. Es wurde hingegen der Erwerb von eigenen Rebbergen vorangetrieben. So konnten in Bussia Soprana zehn Hektar Land gekauft werden, weitere Käufe werden wohl folgen.

Zu hoffen ist aber, daß die rund 250 000 Flaschen – neben den bereits erwähnten Etiketten gibt es eine klassische Reihe Barolo, Barbaresco, Barbera, Dolcetto, Grignolino und die weiteren Crus Cannubi und Rabajà sowie den Nebbiolo d'Alba Occhetti und den Dolcetto d'Alba Mosesco – auch in Zukunft im gewohnt kräftigen, tanninbetonten, aber nie unharmonischen Stil auf den Markt kommen werden.

Francesco Rinaldi e Figli
Via Umberto Sacco 4
12051 Alba
Telefon (0173) 4 25 12

Rinaldi ist gleichsam ein Synonym für klassischen Barolo alten Stils. Das traditionsreiche Haus steht derzeit unter der Leitung von Luciano Rinaldi. Er bewirtschaftet zwölf Hektar Reben, miteingeschlossen drei in Cannubi Boschis und 2,3 in Brunate. 50 000 Flaschen – darunter die zwei Crus – langlebiger, in den letzten Jahren nicht immer ganz beständiger Barolo werden durchschnittlich pro Jahr abgefüllt.

Giuseppe Rinaldi
Via Monforte 3
12060 Barolo
Telefon (0173) 5 61 56

Battista Rinaldi, Inhaber des Weinguts Giuseppe Rinaldi und ebenfalls einer der großen Barolista alter Schule, ist kürzlich verstorben. Er war einer der ersten diplomierten Önologen des Gebiets und spezialisierte sich auf eine ganz eigene Art der Weinbereitung.
 Vergoren wurde in offenen Standen. Die Riserva verfeinerte sich in Zweiliter-Glasgebinden. Vor dem Abfüllen ließ man sie einige Zeit stehen und goß sie dann von Hand in die marktgängigen Flaschen um. Obwohl er beste Lagen in Cannubi, San Lorenzo und Le Coste besaß, schrieb Rinaldi deren Namen nicht auf das Etikett. Wichtig war ihm der Name Rinaldi.
 Zwar schreckte sein Wein anfänglich durch Härte, gewann aber Jahr für Jahr mehr Weichheit und Komplexität. Barolo aus großen Jahrgängen benötigten bei ihm 15 bis 20 Jahre, bis sie sich ganz entfaltet hatten. Daß dabei auch einmal ein kleiner Nebengeruch entstehen konnte, nahm er gelassen zur Kenntnis. Sein Werk wird heute im ähnlichen Geist von seinem Sohn Beppe fortgeführt.

Bruno Rocca
Regione Rabajà 29
12050 Barbaresco
Telefon (0173) 6351 12

Bruno Rocca lebt mit seiner Frau Rossella und zwei Kindern auf dem Gehöft Rabajà, der Urzelle der gleichnamigen Reblage, wo der Nebbiolo einen besonders delikaten Barbaresco hervorbringt. Sein

Vater lieferte die Trauben aus der vier Hektar großen Spitzenlage an die Produttori del Barbaresco. Er starb jedoch früh (1978), und Bruno wurde noch blutjung in die Pflicht genommen. Mit dem Jahrgang 1982 brachte er den ersten Wein unter eigenem Etikett auf den Markt. Dann machte er seine Passion endgültig zum Beruf, nachdem er daneben lange als Marketingexperte im Albeser Großbetrieb Ferrero gearbeitet hatte. Sein Barbaresco wurde immer besser, und die 12 000 Flaschen, die er inzwischen jährlich erzeugt, sind heute ebenso gesucht wie die großen Crus von Gaja. Hervorragend präsentieren sich die drei Jahrgänge 1988, 1989 und 1990 (die aufsteigenden Ziffern dürfen durchaus parallel zur ebenfalls steigenden Güte gesetzt werden): Im Bouquet ein überwältigender Geruchsstrauß, aus dem ein sorten- und lagentypischer Veilchenduft hervorsticht; im Mund fein und konzentriert, von einer reifen Säure und von kräftigem Tannin getragen.

Treffend symbolisiert die Feder auf dem Etikett den Charakter des Weins. »Leicht wie eine Feder, hart wie ihre Schrift«, kommentiert Bruno Rocca, suggestiv lächelnd. Tatsächlich: Sein Barbaresco ist kein tanninüberladenes Ungetüm, obwohl die Hälfte der Produktion einige Monate in Barriques ausgebaut wurde. Frühe Zugänglichkeit, Subtilität und Eleganz sind seine Kennzeichen. Darüber hinaus verleiht ihm eine dichte Struktur willkommene Dauerhaftigkeit.

Der Rabajà ist nicht Brunos einziger guter Wein. Bemerkenswert sind auch ein Dolcetto und ein fruchtbetonter Nebbiolo Fralù aus deklassierten Barbaresco-Reben. 1991 produzierte er zudem erstmals einen dezent-würzigen, nicht zu überladenen Chardonnay. Ein Barbera von einem dazugepachteten Rebberg mit alten Stöcken dieser Sorte wird noch dazukommen. Die heutige Produktion von 20 000 bis 25 000 Flaschen will er auf maximal 40 000

Flaschen ausweiten. Dies erscheint ihm die noch zu bewältigende Menge für einen Keller seiner Größe. Sie ermöglicht ihm und seiner Familie ein auch materiell gutes Leben und läßt doch noch den Grad der Perfektion zu, den es braucht, um die Stellung in der Elite der Barbaresco-Produzenten zu behaupten.

Rocche
Strada Provinciale Alba-Diano
12051 Alba
Telefon (0173) 49 72 48

Raffaelle Ferrero erzeugt mit seinen drei Söhnen aus teilweise eigenen Rebbergen (22 Hektar) das ganze Sortiment der langarolischen Rotweine. Barolo und Barbaresco stammen aus verschiedenen Lagen, sind von ordentlicher, allerdings nicht aufregender Güte und preiswert. Bemerkenswerter sind ein Dolcetto Vigna a Mano, ein Barbera Crotin und ein Nebbiolo Mesdì.

Rocche Costamagna
Via Vittorio Emanuele 12
12064 La Morra
Telefon (0173) 5 02 30

Claudia Ferraresi und ihr Sohn Alessandro Locatelli haben sich in den vergangenen Jahren mit viel Enthusiasmus und Gespür fürs Detail daran gemacht, das alte, bis ins Jahr 1841 zurückreichende Weingut wieder instandzustellen. Der Kelter werden Nebbiolo, Barbera, Dolcetto aus verschiedenen Lagen in Rocche di Annunziata zugeführt. Die Qualität ist gut und regelmäßig, wenngleich Spitzenprodukte fehlen.

Der Barolo zeigt einen leichten, etwas spröden Stil.

Rocche dei Manzoni
Loc. Manzoni Soprani 3
12065 Monforte
Telefon (0173) 78421

Valentino Migliorini hat sein Restaurant in Piacenza verkauft, um sich mit seiner eigenen Mischung von Weltläufigkeit und Beflissenheit ganz dem Weingut zu widmen. Es wurden neue Rebberge dazugekauft – unter anderem in Santo Stefano di Perno und Ginestra –, und der Barriquekeller gleicht mit seinen imposanten Ausmaßen immer mehr einer Weinkathedrale aus dem Bordelais. Flaggschiff ist der »gastronomische« Bricco Manzoni, eine Cuvée aus 80 Prozent Nebbiolo und 20 Prozent Barbera, in Allier-Eiche ausgebaut und schon 1978 – noch ohne Barrique – zum ersten Mal als damals erster Vino da Tavola des Piemont auf den Markt gekommen. 1982 folgte die Barrique-Version: ein leicht verständlicher, nie langweiliger, gastronomisch vielseitig einsetzbarer Wein. Barolo wird nur in guten Ernten erzeugt – in den achtziger Jahren 1982, 1985, 1986, 1988, 1989, 1990 – und nach fünf Jahren als Riserva freigegeben. Vigna Mesdi aus Bussia Soprana ist mit seiner robusten Wucht vielleicht der schönste; Vigna d'la Roul kommt leichter, eleganter, mit mehr Finesse daher, und Vigna Big besitzt zwar enorm Stoff, bringt die Barrique aber fast störend zum Ausdruck. Cappella S.Stefano, Castelletto und Ginestra werden in Zukunft das Barolo-Sortiment vervollständigen. Die Produktion wird dann rund 200000 Flaschen betragen – eingeschlossen die weniger eindrücklichen Chardonnay und Valentino Brut -, der Rebbesitz wird 50 Hektar umfassen.

Josetta Saffirio
Fraz. Castelletto 32
12065 Monforte
Telefon (0173) 7 86 60

Neckische Zwerge lachen von den Etiketten – als wollten sie auf die winzige Produktion dieses Weinguts aufmerksam machen. Ganze 7000 Flaschen erzeugt Josetta Saffirio – Önologin wie ihr Ehemann Roberto Vezza (Marchesi di Barolo) -, darunter einen großartigen, kräftigen Barolo und einen dichten Barbera, die beide die Erziehung in der Barrique nicht verleugnen können. Die Nachfrage übersteigt vorderhand noch das Angebot, doch die Lage wird sich bestimmt entspannen, wenn dereinst die angepflanzten vier Hektar Reben in Ertrag kommen.

Luciano Sandrone
Via Alba 57
12060 Barolo
Telefon (0173) 5 62 39

siehe Porträt Seite 104

Saracco
Via Circonvallazione 6
12053 Castiglione Tinella
Telefon (0141) 85 51 13

1986 hat Paolo Saracco seinen Vater überreden können, die Trauben aus besten Moscato-Lagen nicht mehr Martini-Rossi zu verkaufen, sondern ihn mit der Vinifikation zu betrauen. Der mutige Schritt hat sich gelohnt. Paolo gehört heute zur ersten Garde der Moscato-Produzenten. Sein Wein ist im Bouquet nicht so traubig-fruchtig wie andere, dafür bringt er das Terroir deutlicher zum Ausdruck. Im Mund präsentiert er sich strukturiert, trocken, mit guter Säure und sehr viel Finesse. Zu den rund 70 000 Flaschen normaler Moscato kommen 20 000 Moscato d'autunno – eine konzentrierte Spätlese – und eine weitere Zahl eines festen, schlanken, dezent von Eichenaromen begleiteten Chardonnay Prasué.

Scarpa
Via Montegrappa 6
14049 Nizza Monferrato
Telefon (0141) 72 13 31

Östlich von Alba verliert die Landschaft ihre Ruppigkeit. Die Hügel wellen sich flacher, der Horizont weitet sich. Es ist die Landschaft des Monferrat, stille Provinz und gleichzeitg uraltes Weinland, Heimat des Barbera d'Asti. Im Herzen des Gebiets, in Nizza Monferrato, hat das Weinhaus Scarpa seinen Sitz. Es hat sich auf die Pflege und Bewahrung der klassischen Sorten seiner Gegend (Barbera, Brachetto, Dolcetto, Freisa, Grignolino, Ruché) spezialisiert und erzeugt daraus Jahr für Jahr kräftige, säurebetonte, lagerbedürftige Gewächse von großer Stilistik, unbeeinflußt von Lärm und Hektik der modernen Weinwelt. Mario Pesce, Besitzer und Leiter von Scarpa, wird von seinen Neffen Carlo und Mario Castino unterstützt. Pesce scheint ebenfalls aus einer anderen Zeit zu stammen: ein soignierter, höflicher, patriarchalisch denkender, unduldsamer Konservativer der Weinbereitung wie des guten Geschmacks. Er ist ein leidenschaftlicher Anwalt einer skrupulösen Rebbergpflege, ein Verfechter des persönlichen Cru, der kleinen Erträge, der geringen Flaschenmenge. Sein Neffe Carlo Castino bereitet die Weine, läßt der Natur dabei möglichst freien Lauf, nützt geschickt die Temperaturunterschiede der Jahreszeiten, akzeptiert es auch, wenn sich der biologische Säureabbau nicht immer vollständig abwickelt. Scarpa-Weine sind deshalb schwierige, altmodische Weine, Weine für Minderheiten. Sie verlangen Weinintelligenz und sensible Abstimmung aufs Essen. Mario Pesce ist in dieser Kunst ein Meister. Ein von ihm zusammengestelltes Mahl schenkt jedem seiner Weine neue Dimensionen. Auch seinem ebenso traditionell – ohne Rücksichten auf Änderungen von Konsumgewohnheiten – erzeugten Barolo und Barbaresco, die er – strikte nur in überdurchschnittlichen Jahren – aus dem Traubengut von Winzern erzeugt, mit denen ihn ein Vertrauensverhältnis verbindet. Alle drei – Barolo Tettimorra und Le Coste di Monforte; Barbaresco Tettineive – sind fordernde, lagentypische Weine, in ihrer Jugend rauh und abweisend, nach erfolgter Reifung von mehr als zehn Jahren dann allerdings von überraschender Subtilität.

Giorgio Scarzello
Via Alba 29
12060 Barolo
Telefon (0173) 5 61 70

Typisches kleines Barolo-Gut. Francesco und Gemma Scarzello erzeugen aus vier Hektar Rebbesitz in Sarmassa und Paiagallo hauptsächlich für den Export, redlichen, unspektakulären Barolo Vigna Merenda und Dolcetto Vigna Paigallo.

Paolo Scavino di Enrico Scavino
Fraz. Garbelletto, Via Alba-Barolo 33
12060 Castiglione Falletto
Telefon (0173) 6 28 50

siehe Porträt Seite 108

Sebaste
Loc. S. Pietro delle Viole
12060 Barolo
Telefon (0173) 56266

Nach dem Ausscheiden von Mauro Sebaste und der Übernahme des Weinguts durch Eleonora Limonci muß abgewartet werden, ob die erfolgreiche Politik der modernen, geschliffenen Weine für den internationalen Markt – u. a. barriquegereifter Verschnitt von Nebbiolo und Barbera Briccoviole – beibehalten wird. Die Weiterbeschäftigung des Önologen Donato Lanati läßt darauf schließen.

Aldo e Riccardo Seghesio
Fraz. Castelletto 19
12065 Monforte
Telefon (0173) 78108

Die Brüder Seghesio füllen erst seit dem Jahrgang 1988 unter eigenem Namen ab. Vater Ettore war das vorher stets zu riskant. Der rasche Erfolg hat aber inzwischen auch ihn von der Richtigkeit dieser Änderung überzeugt. Volle, fleischige, kräftige Weine zeugen von guten Rebbergen, kleinem Ertrag und der Beherrschung des Handwerks. Die den Brüdern freundschaftlich verbundenen Berater Elio Altare und Enrico Scavino wußten, wofür sie sich einsetzen. Aus sechs Hektar Reben kommen 30000 Flaschen: u.a. je ein rustikaler, charakterstarker Dolcetto und Barbera Vigna della Chiesa und der enorm farbintensive, tanninreiche Barolo Vigneto La Villa.

Renzo Seghesio
Via Circonvallazione 2
12065 Monforte
Telefon (0173) 78269

Der Bürgermeister von Monforte, von Haus aus
Mathematiker, mischt kräftig im Weingeschäft seines Dorfes mit: Er erzeugt rund 30 000 Flaschen
Barolo Bussia Pian Polvere, Dolcetto und Barbera
aus gekauften, innerhalb der Gemeindegrenzen gewachsenen Trauben.

Aurelio Settimo
Fraz. Annunziata 30
12064 La Morra
Telefon (0173) 5 08 03

Seitdem die Tochter Tiziana ihreM Vater Aurelio
Settimo beim Winzern hilft, kommen aus den sieben Hektar Reben nicht mehr nur bloß traditions-
verhafteter, eher früh reifender, sondern auch eleganter Barolo Rocche und Dolcetto.

Sottimano
Loc. Cottà 21
12057 Neive
Telefon (0173) 63 51 86

Zwei Hektar beste Lagen in Cottà zwischen Neive
und Barbaresco und dazugekaufte Trauben von
Vertrauenswinzern: Der junge Maggioro Sottimano
gibt sich redlich Mühe, das im Barbaresco-Gebiet
noch weitgehend herrschende Mittelmaß zu sprengen. Er ist offen für neue Vinifiaktionstechniken,
experimentiert mit Barriques und verdient, daß
man ihn im Auge behält, auch wenn die Qualität
noch schwankend ist.

La Spinetta
Via Annunziata 33
14054 Castagnole delle Lanze
Telefon (0141) 87 73 96

Die drei Brüder Rivetti erzeugen zusammen mit ihrem Vater Giuseppe den neben Saracco und Dogliotti wohl besten Moscato d'Asti. Von ihren – etwas gar vielen – fünf Crus Bric Laposot, San Rumè, Biancospino, Muscatel Vey und Bricco Quaglia ist letzterer der feinste. Der Stil ist fruchtbetont, duftig und sehr reintönig; im Gaumen kommt eine »geistreiche« Säurestruktur hinzu. Über die 150000 Flaschen Moscato hinaus entwickelt vor allem Giorgio Rivetti immer mehr Rotwein-Ehrgeiz. Die Sorte der Zukunft ist ihm die Barbera. Er setzt ihr ein Denkmal im Barrique-Wein Pin. Das im Jahrgang 1990 vom Gambero Rosso mit drei Gläsern ausgezeichnete Gewächs besteht zu 80 Prozent aus Barbera, zu 20 aus Nebbiolo. Sein seltsamer Name stellt eine Hommage an Vater Giuseppe dar – »Pin« lautet sein Spitzname. Dolcetto und normaler Barbera sind nicht so spektakulär, werden sich aber bestimmt verbessern.

La Spinona
Via Secondine 22
12050 Barbaresco
Telefon (0173) 635169

Seit 1950 erzeugt Pietro Berruti vollmundigen, weichen, mehr rustikalen als raffinierten Barbaresco und, als einer der ersten in der Langhe, auch einen sauberen, säurebetonten, eher neutralen Chardonnay. Er verfügt über stattliche 25 Hektar Rebbesitz (unter anderem in Faset und Ghiga) und füllt jährlich um die 130000 Flaschen.

Terre del Barolo
Via Alba-Barolo 5
12060 Castiglione Falletto
Telefon (0173) 62053

Mit den Produttori del Barbaresco kann die einzige Genossenschaft des Barolo-Gebiets qualitativ nicht mithalten. Doch das ist auch kaum möglich, da die Kellerei jedes Jahr gegen vier Millionen Flaschen eines breiten Sortiments aus dem Traubengut von 540 Mitgliedern erzeugt. Hie und da findet sich aber ein durchaus außerordentlicher Wein, und man wartet in den kommenden großen Jahrgängen gespannt auf einen ebenso großen Barolo. Die Materia prima ist dazu zweifellos vorhanden. Dem neuen Präsidenten Matteo Bosca wäre ein derartiger Prestige-Erfolg zu gönnen.

Giuseppe Domenico Vajra
Cascina S. Ponzio 36
12060 Barolo
Telefon (0173) 5 62 57

Gute, beglückende Arbeit ist nur möglich in einer harmonischen, friedvollen Umgebung. Dazu gehören beim Weinbauern Rebberge und Keller. Aldo Vajra weiß sich auf seine behutsame, unaufdringliche Art diese produktive Atmosphäre zu schaffen. In den Reben arbeitet er möglichst naturnah, verwendet nur organische Materialien; den neuen Keller ließ er sich mit wunderschönen farbigen Glasfenstern wie in einer Kirche ausschmücken, auf daß er und seine Mitarbeiter sich darin wohlfühlen.

Aldo Vajra ist promovierter Agronom, unterrichtete am Weinbautechnikum in Alba, bevor es ihn auf das hochgelegene Familienweingut San Ponzio im Weiler Vergne an der Grenze zu La Morra zurückzog. Aldo – ein bedächtiger Intellektueller, der mit viel Liebe und Einfühlungsvermögen, aber auch mit klaren Vorstellungen zur Sache geht – bewirtschaftet 17 Hektar Rebland. Seine Lagen in Bricco Viole, Le Coste, Fossati und San Ponzio klettern bis in die Höhe von 470 Meter (Fossati) und eignen sich vor allem für Barbera, Dolcetto und Freisa. Das ist vielleicht der Grund, weshalb von seinen großen Weinen der Barolo wohl am wenigsten spektakulär ausfällt. Trotz der langen Maischegärung von bis zu vierzig Tagen wirkt er leichter und eleganter als andere Baroli mit mehr Stoff und Kraft. In der selben Logik liegt aber das gerade umgekehrte Wesen der drei übrigen Hauptweine begründet. Sie sind allesamt robust gebaut, mit markanter Tanninstruktur und einer kernigen Säure ausgestattet. Schlicht großartig ist der Barbera Bricco delle Viole, Aldos Lieblingswein: Aus einem Ertrag entstanden, der die dreißig Hektoliter pro Hektar nie übersteigt, begeistert er durch Wucht, Konzentration und eine überwältigende Fruchtigkeit, die den hohen Alkoholgehalt (14 Volumenprozent und mehr) nicht spürbar werden läßt. Aldo Vajra will ihm diese eigenwillige Typik belassen, baut ihn deshalb im großen Holzfaß aus und verzichtet auf zusätzliche Barriquewürze. Der Bricco delle Viole gehört mit Giacomo Conternos und Scarpas Barbera zweifellos zu den großen Weinen traditioneller Machart dieser Sorte.

Ähnliches kann man von Vajras Freisa zu sagen. Extraktreich, robust und mit großem Alterungspotential, erscheint er neben den süffigen, leicht schäumenden Versionen, die die Piemonteser so gerne zu ihren zahllosen Vorspeisen trinken, wie ein Wein von einem anderen Stern. Und auch der Dolcetto schlägt in die gleiche Kerbe. Ein Teil des Mostes wird mit den Kämmen vergoren, um dem Wein mehr Rückgrat zu verleihen. Er will nicht der unkomplizierte Alltagswein sein, für den ihn die meisten halten. Besonders exquisit ist die Spezialabfüllung aus den beiden Lagen Coste & Fossati. Wie alle übrigen Weine des Gutes trägt sie die Handschrift ihres Erzeugers: Es ist eine Schrift, die überlegt und gestochen scharf gesetzt wird und davon kündet, daß da einer abseits aller befahrenen Straßen seinen eigenen Weg geht.

Vietti
Piazza Vittorio Veneto 5
12060 Castiglione Falletto
Telefon (0173) 62825

Der Trend zum Erwerb von Rebbergen hat auch beim famosen Weinhaus Vietti durchgeschlagen: 1989 konnten beste Lagen in Lazzarito (Serralunga) gekauft werden, was den Gesamtbesitz auf acht Hektar steigen ließ. Heute stammen rund dreißig Prozent der jährlich erzeugten 100000 Flaschen aus eigenen Trauben. Bei späterem Vollertrag werden es noch mehr sein. Doch was sollen die Zahlen: Vietti erzeugt so oder so eine stolze Palette der langarolischen Weine in stets zuverlässiger, manchmal gar herausragender Güte. Vietti ist Alfredo Currado. Alfredo Currado ist – man verzeihe das Etikett, doch in diesem Fall haftet es wirklich – ein aufgeklärter Traditionalist mit einem bewundernswerten Berufsethos. Er konnte sich Ende der fünfziger Jahre in den alten Winzerbetrieb einheiraten und füllte 1961 den ersten Jahrgang ab. 1963 kam bereits der erste Cru hinzu, ein Barolo von Rocche aus Castiglione Falletto: ein Wein, der dank seiner Frucht, seiner Wucht, aber vor allem auch dank seiner immer präsenten Frische heute noch regelmäßig die Vietti-Produktion anführt.

Currado arbeitet mittlerweile nicht mehr allein. Zu ihm und seiner Frau Luciana Vietti sind Schwiegersohn Mario Cordero und Sohn Luca gestoßen. Tochter Elisabetta, die in den achtziger Jahren mit ihrem Vater ein fabelhaftes Team bildete, kümmert sich heute um Ornella Mutis Weingut in Ovada, Abbazia di Vallechiara. Die Blutverjüngung hat den Betrieb stimuliert, ihn jedoch nicht von der gewohnten Straße abgebracht: 30 Tage Maischegärung, Cappello sommerso, Ausbau in slowenischen Holzfässern bilden das Gerüst der Barbaresco- und Barolobereitung. Manchmal wird für meinen Geschmack gar etwas übertrieben: Die Riserva Villero mazeriert und reift im Holz noch länger, so daß sie fast schon gezehrt in die Flasche kommt. Doch der schon erwähnte Rocche, aber auch der Brunate und die Barbareschi Rabajà und Masseria (letzterer zählt gar zu den allerbesten Weinen dieses Anbaugebiets überhaupt) zeugen alljährlich von der Lebenskraft dieser Tradition. Nur wenig hintenan stehen die »kleineren« Dolcetti Bussia, S. Anna und Disa. Sie nehmen in der gesetzten Reihenfolge an Körper, Konzentration und Reifebedürftigkeit zu. Mächtig präsentiert sich der Barbera Pian Romualdo. Er fügt sich in eine Reihe mit Giovanni Conternos, Prunottos und Aldo Vajras Barbera. Interessant ist der einzige Barrique-Wein des Betriebs: Fioretto, eine eher schlanker Mischung von Barbera und Nebbiolo, unterlegt von einem angenehm dezenten Holzton. Und eine absolute Rarität stellt der zitronige, recht neutrale Arneis dar. Alfredo Currado hat hier zusammen mit Bruno Giacosa Pionierarbeit geleistet: Den ersten Arneis füllte er schon 1964 in die Flasche!

Vignaioli Elvio Pertinace
Loc. Pertinace 2
12050 Treiso
Telefon (0173) 638155

Kleine, junge – 1973 gegründete – Genossenschaft, die die Ernte von zwölf Winzern aus Treiso verarbeitet. Alle Trauben müssen in den Rebbergen (insgesamt hundert Hektar) der Mitglieder wachsen. Die Weine sind frisch, sauber und preisgünstig. Bemerkenswert sind die drei – nur in guten Jahren erzeugten – Barbaresco-Crus Castellizzano, Marcarini und Nervo.

Gianni Voerzio
Via Loreto 1
12064 La Morra
Telefon (0173) 509194

Gianni Voerzio, Roberto Voerzios Bruder, hat ein Flair für reintönige, schon fast klinisch saubere, mit viel Kellertechnik hergestellte Weine. Fruchtbetonte Dolcetto, Freisa, Barbera und Nebbiolo sind die Rotweine; ein frischer Arneis und ein intensiv nach Grapefruit duftender Moscato bilden das ebenso wichtige weiße Gegengewicht. Aus der Lage La Serra oberhalb Brunate kommt ein geschmeidiger, tanninleichter Barolo.

Roberto Voerzio
Via Alba 13
12064 La Morra
Telefon (0173) 50123

siehe Porträt Seite 112

2. Die gesetzlichen Bestimmungen

Das italienische Weingesetz hat für alle bedeutenden Weine der Langhe eine DOC bzw. DOCG geschaffen, in der Kriterien der Erzeugung festgeschrieben sind. Hält sich ein Winzer – mit oder ohne Absicht – nicht daran, muß er auf den offiziellen Weinnamen verzichten und sein Gewächs als Vino da Tavola deklarieren. Für die maßgeblichen langarolischen Weine – Dolcetto, Barbera, Barolo, Barbaresco und Moscato – seien die wichtigsten Bestimmungen nachfolgend aufgeführt.

Dolcetto d'Alba DOC
(Inkrafttreten: 1974)

Rebe:	Dolcetto
Hektarertrag:	max. 9000 kg bei der Ernte 6300 l bei der Abfüllung Alkoholgehalt: min. 11,5 Vol.% (12,5% superiore)
Säure:	min. 5 g/l
Ausbauzeit:	min. 1 Jahr für superiore

(Die Bestimmungen für Dolcetto aus anderen piemontesischen Anbaugebieten – Diano d'Alba, Dogliani, Asti usw. – differieren vor allem bezüglich des Hektarertrags: Mit 8000 kg/5600 l ist er tiefer angesetzt.)

Barbera d'Alba DOC
(Inkrafttreten: 1970)

Rebe: Barbera
Hektarertrag: max. 10000 kg bei der Ernte,
7000 l bei der Abfüllung
Alkoholgehalt: min. 12 Vol.% (12,5% superiore)
Säure: min. 6 g/l
Ausbauzeit: min. 1 Jahr für superiore

(Die Bestimmungen für Barbera aus anderen piemontesischen Anbaugebieten – Asti, Monferrato usw. – differieren bezüglich des Hektarertrags: Mit 9000 kg/6300 l ist er tiefer angesetzt. Beim Barbera del Monferrato bzw. Colli Tortonesi dürfen zudem bis zu 15% andere Sorten wie Freisa und Dolcetto zugesetzt werden.)

Barolo DOCG
(Inkrafttreten: 1980)

Rebe: Nebbiolo
Hektarertrag: max. 8000 kg bei der Ernte
5600 l bei der Abfüllung
Alkoholgehalt: min. 13 Vol.%
Extrakt: min. 23 Gramm
Säure: min. 5,5 g/l
Ausbauzeit: min. 3 Jahre (davon 2 im Holzfaß)
Riserva: min. 5 Jahre
Verschnitt: max. 15% aus einem anderen
Barolo-Jahrgang

Barbaresco DOCG
(Inkrafttreten: 1980)

Rebe: Nebbiolo
Hektarertrag: max. 8000 kg bei der Ernte
5600 l bei der Abfüllung
Alkoholgehalt: min. 12,5 Vol.%
Extrakt: min. 23 Gramm
Säure: min. 5 g/l

Ausbauzeit: min. 2 Jahre (davon 1 im Holzfaß)
Riserva: min. 4 Jahre
Verschnitt: max. 15% aus einem anderen Barbaresco-Jahrgang

Beide DOCG-Wein müssen sich zudem der Prüfung durch eine Degustationskommission stellen. Diese beurteilt aber vor allem die Typizität und nur bedingt die Qualität. Von einer auf diese organoleptische Beurteilung zurückzuführende wesentlichen Qualitätsverbesserung kann nicht die Rede sein.

Moscato d'Asti
(Inkrafttreten: 1967)

Rebe: Moscato bianco
Hektarertrag: max. 11 000 kg bei der Ernte, 8250 l bei der Abfüllung
Alkoholgehalt: 10,5 Vol.%
Restsüße: min. 3,5 g/l
Säure: min. 5 g/l
Ausbauzeit: keine Vorschriften

3. Die Jahrgänge

Nachfolgende Jahrgangsbewertungen beziehen sich auf die Langhe, und zwar auf Barolo und Barbaresco. Der Nebbiolo gehört bekanntlich zu den spät reifenden Sorten. Seine Ernte fällt in klimatisch unsteten Jahren oft in die Zeit der Herbstregen. So können seine Trauben nicht immer im perfekten Zustand gelesen werden. Die Jahrgangsunterschiede sind deshalb zum Teil erheblich.

Bezüglich Dolcetto und Barbera gilt die Faustregel, daß ersterer dank seiner frühen Reife weniger von meteorologischen Launen abhängig ist und in mittleren Jahren ohnehin harmonischer ausfällt, und daß letzterer in der Regel mit dem Nebbiolo übereinstimmt: Große Nebbiolo-Jahrgänge sind meist auch große Barbera-Jahre.

1970: sehr gut

1971: außergewöhnlich

1972: schlecht

1973: mittelmäßig

1974: gut bis sehr gut

1975: mittelmäßig bis gut

1976: mittelmäßig

1977: schlecht

1978: sehr gut bis außergewöhnlich

Ein heißer Herbst rettete eine quantitativ kleine Ernte. Die besten Weine von anerkannt großen Produzenten besitzen eine enorme Tanninstruktur und gute Konzentration. Es sind wahre Langstreckenläufer, die die Jahrtausendwende kräftigen Fußes erreichen werden. Andere taumeln allerdings schon lange und werden unter der Tanninlast, die sie nie wirklich zu tragen vermochten, bald vollends zusammenbrechen.

1979: gut bis sehr gut

1980: gut

1981: mittelmäßig

1982: sehr gut bis außergewöhnlich
Die ungewöhnlich heißen und trockenen Monate Juni bis September führten zu einer frühen, überaus reichlichen Lese eines gesunden Traubenguts. Die Weine haben sich gut entwickelt, besitzen viel Farbe und Konzentration und eine ähnlich überwältigende Tanninstruktur wie 1978. Anfang der neunziger Jahre zeigten sich die bekannten Gewächse noch ziemlich ruppig, was darauf hindeutet, daß sie ein immenses Zukunftspotential besitzen.

1983: mittelmäßig bis gut

1984: schlecht bis mittelmäßig

1985: sehr gut bis außergewöhnlich
Wiederum begünstigte ein großer Sommer, der von Juni bis September dauerte, eine ebenso große (in des Wortes Doppelsinn) wie frühe reife Ernte. Im Gegensatz zu 1982 gelang es erstmals, Weine mit weicheren, in der Fruchtfülle anfänglich kaum spürbaren Tanninen zu keltern. Ein Benefiz wohl einer temperaturkontrollierten Gärung, die inzwischen fast überall in den Kellern der Langhe Einzug gehalten hatte. 1992 präsentierte sich allerdings eine Mehrzahl der Weine schon sehr zugänglich, und

die ketzerische Frage drängte sich auf, ob diese »kopernikanische Wende« ein Zeitalter der Mittelstreckler einläuten würde. Der 1982er wäre dann der letzte, wahrhaft langlebige Jahrgang gewesen.

1986: gut bis sehr gut
Klimatisch unregelmäßiges Jahr mit katastrophenähnlichem Hagelsturm am 29. Mai im Barolo-Gebiet, einem feuchten Sommeranfang, einem schönen August und freundlichen Tagen während der Ernte. Die Weine sind fruchtbetont, geschmeidig, lassen aber doch etwas Konzentration vermissen und besitzen bloß mittlere Lebenserwartung.

1987: mittelmäßig bis gut

1988: sehr gut
Ein Jahr der klimatischen Tiefs und Hochs – armseliger Spätfrühling, angenehmer Sommer, heftige Niederschläge zwischen dem 10. und 16. Oktober – führte zu guten, mittelgewichtigen Weinen, die sich allerdings rasch entwickeln und die in ihrer Qualität anfänglich wohl auch überschätzt wurden. Wer früh gelesen hatte, zog die schöneren Gewächse in die Flasche.

1989: sehr gut bis außergewöhnlich
Erstes von zwei denkwürdigen Jahren. Etwas Hagel im Barolo, der vor allem Serralunga streifte, stand am Anfang, und nachher war es eigentlich nur noch schön, heiß und trocken – bis zur relativ frühen Ernte. Alkoholreiche, konzentrierte Weine mit viel Fruchtfülle, guter Säure und gebändigten Tanninen besitzen den Atem, der sie zumindest sicher ins nächste Jahrtausend tragen wird.

1990: außergewöhnlich
Eine Steigerung im Vergleich zu 1989 schien nicht mehr möglich, und doch ist sie eingetroffen. Überall wurde noch an Perfektion zugelegt. Die Superlative für die Zeit der Marktankunft der 1990er liegen

bereit. Ob sie auch noch für unsere Kinder verbindlich sein werden – wer vermag das 1993 zu beurteilen?

1991: mittelmäßig
Die Reben wachsen auch in der Langhe nicht in den Himmel – dafür sorgte ein ungnädiger Wettergott. Hartnäckiger Regen Ende September und zu Erntebeginn machte die schönsten Nebbiolo-Hoffnungen zunichte und aus einem erwartet großen ein kleines Jahr. Wer nicht bloß schon die Reben streng beschnitten hatte, sondern auch nach der Ernte im Keller streng selektionierte, wird eine Qualität wie 1987 anbieten können. Achtung: Die Jammertirade betrifft den Nebbiolo! Barbera, Dolcetto und die Weißweine sind durchaus erfreulich ausgefallen!

1992: schlecht bis mittelmäßig
So wie 1990 gegenüber 1989 noch eine Steigerung darstellte, steigt man 1992 nach 1991 nochmals tiefer: Ein kalter und regnerischer Juni – Zeit der Blüte! –, zwei unfreundliche erste Juli-Wochen brachten die Vegetation zehn Tage in Verzug, die sie nicht mehr aufholen sollte. Ab Ende September regnete es praktisch ununterbrochen. Bezüglich des Nebbiolo sind daher leichtgewichtige, konzentrationsarme Weine zu erwarten, die durch kompromißlose Selektion im Keller vielleicht noch etwas aufgefangen werden können.

Gerade angesichts der beiden unerfreulichen Jahrgänge 1991 und 1992 muß betont werden, daß es sich bei diesen Bewertungen um verallgemeinernde Urteile handelt, die im Einzelfall nicht zutreffen müßen, da besonders glückliche oder geschickte Winzer immer Weine erzeugen, die den Durchschnitt überragen. Die Reihe von heißen und niederschlagsarmen Jahren in der zweiten Hälfte der achtziger Jahre führte zudem gerade beim Nebbiolo zu früherer Reife und tieferer Säure, so daß sogar im traurigen 1992er Herbst einzelne Erzeuger dank rigoroser Ertragsregulierung vor dem nicht mehr endenden Regen ernten konnten. Kurz: Wie im Burgund, ist es auch im Piemont ungleich wichtiger, die Namen der guten Winzer zu kennen, als die unterschiedlich vielen Jahrgangssternchen auswendig gelernt zu haben.

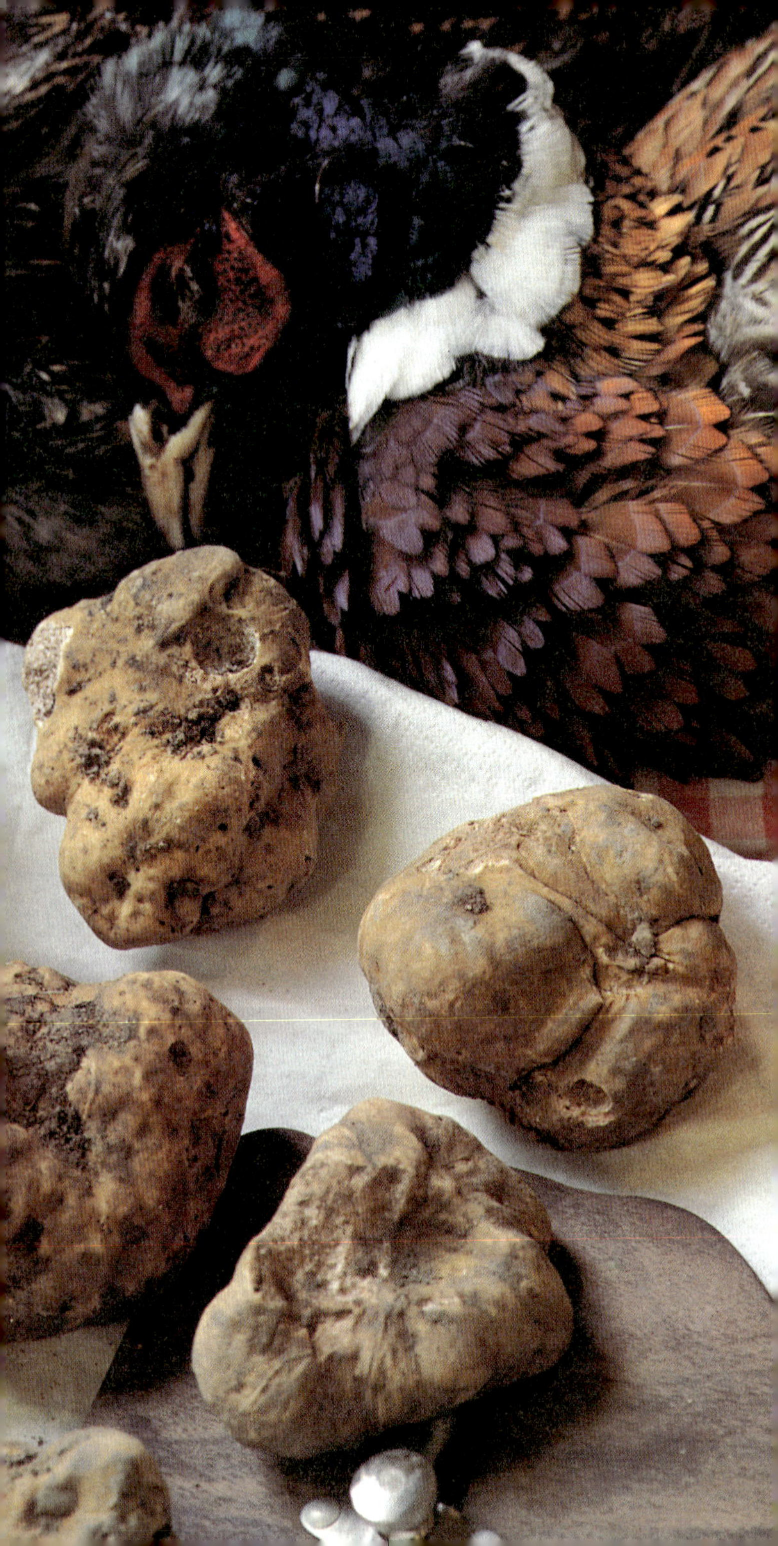

4. Essen, Trinken, Übernachten, Einkaufen

Die empfehlenswerten Restaurants

Die großen Piemonteser Weine sind nicht für den Durst gemacht; sie verlangen nach Nahrung und wirken ohne das passende Gericht oft wie verwaist. Umgekehrt gilt der Satz allerdings auch: Die große Küche des Piemont, die es meisterhaft versteht, italienische Naturqualität mit französischem Raffinement zu verbinden, fordert den Wein als Begleiter.

Wein und Küche steigern sich gegenseitig zu Höchstleistungen. Es gibt keine andere Region in Italien, die auf beiden Seiten ein vergleichbar hohes Niveau aufweist. Man kocht einfach, herzhaft, mit Oel und Butter und immer dem Saisonangebot entsprechend. Großartig ist die immer rarer und teurer werdende weiße Trüffel (das Kilo kostet mittlerweile zwischen 1500 und 2500 Franken), die mit ihrem unbeschreibbaren, sinnlich-vulgären Duft zwischen Oktober und Dezember so manches Gericht veredelt. Zwar kommen vermutlich hochstens zehn Prozent der angebotenen Ware aus dem Piemont, der Rest aus der Toskana, der Romagna oder Istrien. Doch wer will es am Tisch schon so genau wissen.

Linke Seite:
Kulinarisches Stilleben mit weißen Trüffeln und Fasan

Immer – auch in den feinsten Restaurants – ist es ein Essen wie in alten Zeiten, mit einer langen Reihe von Gerichten: Carne cruda, Vitello tonnato, Spinatflan, Gemüseomelette, Fonduta (heißer Brei aus geschmolzenem Fontina-Käse), gebratene Steinpilze als *Antipasti;* dünne Nudeln (Tajarin) mit Tomaten- oder Fleischsauce oder einfach nur mit darüber gehobelten Trüffeln, Agnolotti, Risotto als *Primi;* Fritto misto, Brasato al Barolo, Bollito, Kaninchen, Perlhuhn, Wildschwein, Wildhase als *Secondi;* danach Käse aus Schaf- und Kuhmilch (Toma, Castelmagno, Robbiola) und schließlich die verführerisch süßen Desserts wie Haselnußkuchen, Schokoladencremes, Panna cotta.

Begleitet wird die nicht enden wollende Speisenfolge von der Palette der piemontesischen Weine: Man beginnt etwa mit einem Arneis, dann folgen Dolcetto, Freisa, Barbera, Barolo oder Barbaresco, zur Nachspeise (und zur Erfrischung) der köstliche Moscato d'Asti und zum Abschluß ein ebenso rustikaler wie feiner Grappa.

Nachfolgend einige Adressen, wo sich in dieser Herrlichkeit tafeln läßt. Ich habe sie entweder selbst besucht, oder sie wurden mir von verläßlicher Quelle zugetragen. Zu beachten ist, daß im Piemont nicht nur die Wein-, sondern auch die Restaurantpreise kräftig angezogen haben. Ein typisches Essen mit ordentlichen Weinen kostet zwischen 60 bis 150 Franken pro Person. Während der Trüffelsaison wird einem ein Supplement verrechnet, das bis zu 100 Franken betragen kann. Danach sollte man sich unbedingt vorher erkundigen.

Schließlich ein letztes Wort: In allen Restaurants ist man gut beraten, wenn man sich den Tisch reservieren läßt!

Barolo-Gebiet

Belvedere, La Morra
Telefon (0173) 50190
geschl. Sonntagabend, Montag

Geräumiges, klassisches Restaurant der Langhe. Auch bei voller Besetzung von konstant guter, sehr typischer Qualität. Gute Weinauswahl.

Da Cesare, Albaretto Torre
Telefon (01739) 520141
geschl. Dienstag und Mittwoch

Neben »Da Guido« in Costigliole d'Asti das beste (und wohl auch teuerste) Restaurant des Gebiets – wenn der geniale Cesare Giaccone in Form ist. Nicht immer ganz transparente Preisgestaltung.

La Coccinella, Serravalle Langhe
Telefon (0173) 798101
geschl. Sonntagabend, Montag

Einfache Trattoria mit einer schmackhaften, gebietstypischen, ehrlichen Küche.

La Crota, Roddi
Telefon (0173) 615187
geschl. Dienstag

Zuverlässiges, traditionelles Restaurant abseits der bekannten Barolo-Orte.

Daniel's, Alba
Telefon (0173) 441977
geschl. Dienstag

Professionell geführtes, elegantes Restaurant, in dem die Geschäftsherren von Alba am Mittagstisch sitzen. Auch traditionelle Gerichte wie Finanziera sind zu haben. Gute Weinkarte.

Il Falstaff, Verduno
Telefon (0172) 459244
geschl. Montag

Hier wird die Küche des Piemont in ihrer verfeinerten, elaborierten Art geboten. Elegant, phantasievoll und mit guter Weinauswahl.

Giardino da Felicin, Monforte
Telefon (0173) 78225
geschl. Mittwoch

Typische Küche der Langhe, aber leichter, feiner, eleganter als in einer Trattoria. Grandioser Weinkeller. Das Haus verfügt auch über Fremdenzimmer.

Locanda nel Borgo Antico, Barolo
Telefon (0173) 56355
geschl. Mittwoch

Neues, sympathisches Restaurant mit phantasievoller Küche, das sich in Barolo mit Windeseile an die Spitze gearbeitet hat.

Rechte Seite:
Winterliche Rebberge in der Barolo-Zone vor dem Massiv des Monte Rosa

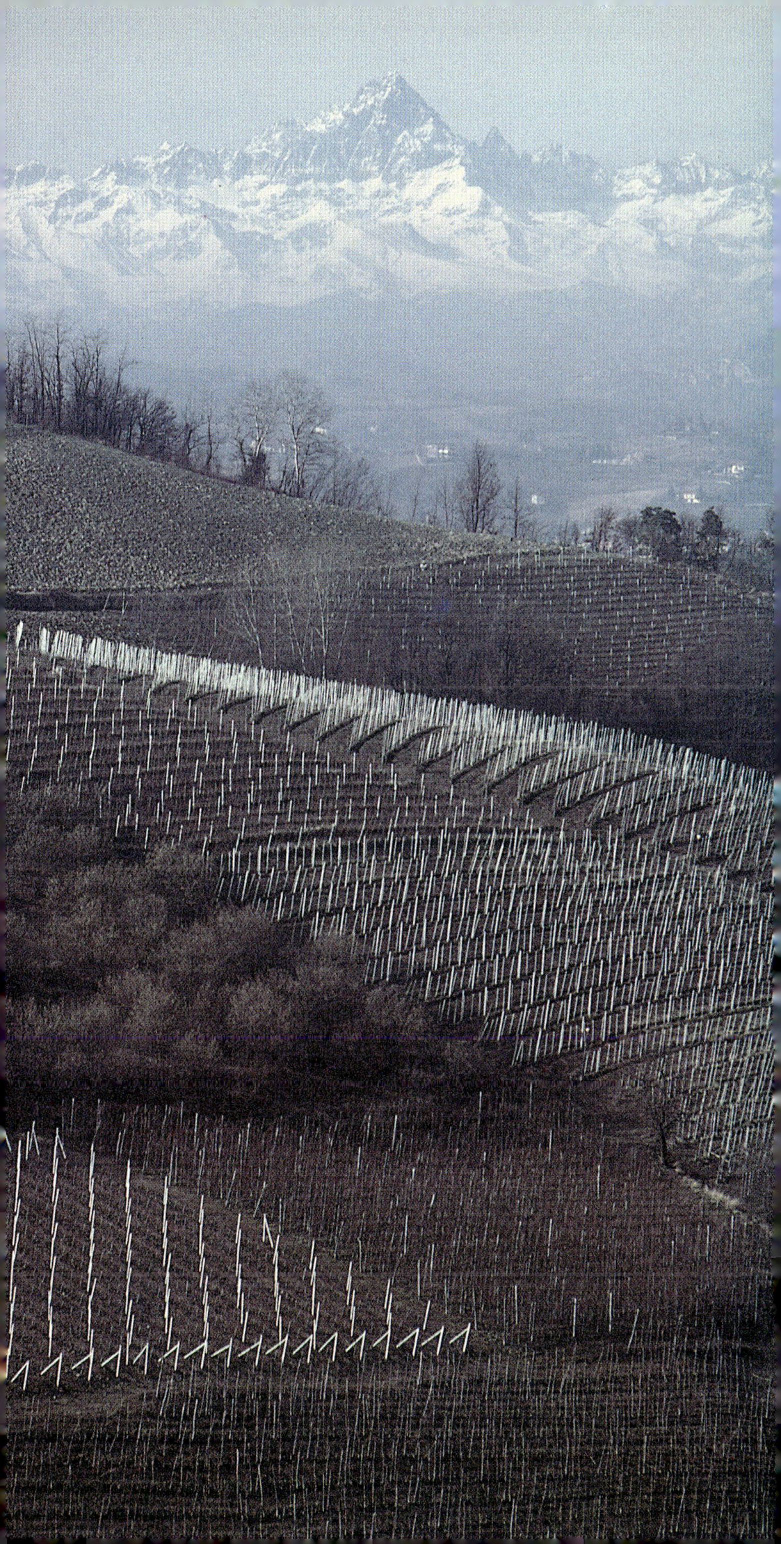

Moderno, Carrù
Telefon (0173) 754 93
geschl. Montagabend, Dienstag

Hier wird der beste Bollito weit und breit aufgetischt.

Osteria dell'Arco, Alba
Telefon (0173) 363974
geschl. Sonntag

Wer nicht immer sechs, sieben und mehr Gänge essen will, kann sich hier auf ein paar wenige, sorgfältig zubereitete Gerichte beschränken und auf eine schöne Weinauswahl freuen.

Piemonte da Renato, Feisoglio
Telefon (0173) 62829

Eines der besten authentischen Restaurants der Alta Langhe südlich von Monforte; Steinpilze, weiße und schwarze Trüffel stehen – zu sehr reellen Preisen – hoch im Kurs.

Real Castello, Verduno
Telefon (0172) 459125

Ehemaliges Schloß von König Alberto. Rustikale, inzwischen recht teuer gewordene Küche. Das Castello verfügt auch über athmosphärenreiche Zimmer. Während der kalten Jahreszeit geschlossen.

Trattoria della Posta, Monforte
Telefon (0173) 78120
geschl. Donnerstag

Die rustikale, schmackhafte Küche der Langhe wird hier besonders klassisch gepflegt. Die Preise halten sich im Rahmen. Die Weinkarte sprengt ihn.

Hotels

Motel Alba, Alba
Telefon (0173) 363251

Savona, Alba
Telefon (0173) 440440

Barolo, Barolo
Telefon (0173) 56354

Barbabuc, Novello
Telefon (0173) 731298

Napoleon, Cherasco
Telefon (0172) 488238

Barbaresco-Gebiet

Antica Torre, Barbaresco
Telefon (0173) 635170

In der Dorftrattoria von Barbaresco werden die besten handgemachten Tajarin (Nudeln) der Gegend serviert. Gute Salami und guter Käse, maßige Weinauswahl.

Osteria dell'Unione, Treiso
Telefon (0173) 638303.
geschl. Montag, Dienstag

Es gibt hier nur ein Menü, das aber widerspiegelt

die klassische langarolische Küche pur. Gute Weinauswahl, allerdings kommen die Rotweine zu warm auf den Tisch.

La Contea, Neive
Telefon (0173) 67126 – 67367
geschl. Sonntabend, Montag

Wenn der etwas launische und herrische Patron Tonino Verro und seine kochende Frau Claudia in Form sind, wird eine große, kreative, allerdings auch teure Küche präsentiert. Zum Übernachten stehen auch Zimmer bereit.

La Luna nel Pozzo, Neive
Telefon (0173) 67098
geschl. Mittwoch

Tornavento, Treiso
Telefon (0173) 638333.
geschl. Dienstag

Verspielte, aber nie extravagante Küche, vernünftige Preise, schöne Weinpalette. Nur die Bedienung dürfte zuweilen etwas freundlicher sein.

Vecchio Tre Stelle, Barbaresco
Telefon (0173) 638192
geschl. Dienstag

Hier wird unprätentiös, aber mit Engagement und Flair für leichtere Kreationen gekocht. Dem Haus ist auch ein kleines Albergo angeschlossen.

Roero

Centro, Priocca
Telefon (0173) 616112
geschl. Dienstag

Bekannt für eine bodenständige Küche und ein Fritto Misto, wie man es in Restaurants kaum mehr findet.

La Pergola, Vezza d'Alba
Telefon (0173) 65178
geschl. Dienstag

Die Weinkarte allein ist eine Reise wert (über 16000 Flaschen liegen im Keller), die Küche paßt sich auf elegante Art dem Standard an.

Astigiano/Monferrat

Cacciatori, Cartosio
Telefon (0144) 40123
geschl. Donnerstag

Abseits der großen Straßen nahe der Grenze zu Ligurien liegendes Restaurant mit einfacher, aber dennoch raffinierter, ungemein schmackhafter Küche. Ein kleines Hotel ist dem Lokal angegliedert. Preiswert.

Il Cascinalenuovo, Isola d'Asti
Telefon (0141) 9581 66-7
geschl Sonntagabend, Montag

Fabelhafte, kreative Adaption der Piemonteser Küche, bemerkenswerte Weinkarte, gehobene Preise. Ein trotz der nahen Schnellbahn bequemes Hotel lädt zum Aufenthalt.

La Fioraia, Castello d'Annone
Telefon (0141) 441106
geschl. Montag

Giacomo Bologna pflegte hier früher mit Begeisterung zu speisen. Man versteht warum: gebietstypische, aber nie schwere Küche auf hohem Niveau.

Gener Neuv, Asti
Telefon (0141) 57270.
geschl. Sonntagabend, Montag

An den Ufern des Tanaro gelegen, von klassischem Zuschnitt und großer Perfektion; adäquate Weinkarte.

Da Guido, Costiglione d'Asti
Telefon (0141) 966012
geschl. Sonntagabend

Das feinste Restaurant des Gebiets. Das einzige Menü und die Weinfolge werden allerdings vom Patron bestimmt. Nur versteht davon keiner so viel wie er.

Moscatel da Palmirà, Castiglione Tinella
Telefon (0141) 855176
geschl. Dienstag

Authentische, schmackhafte Bauernküche, wo alles auf beeindruckende Art hausgemacht ist.

San Marco, Canelli
Telefon (0141) 833544
geschl. Dienstagabend, Mittwoch

Raffinierte, aber nie gebietsuntypische Küche, die große Stilsicherheit verrät. Eindrucksvolle Weinkarte.

Trattoria della Posta »da Camulin«, Cossano Belbo
Telefon (0141) 88126
geschl. Sonntagabend und Montag

Teigwaren und Klassiker wie Fritto Misto findet man in diesem stets gut besetzten Lokal in kaum zu übertreffender Art.

Violetta, Calamandrella
Telefon (0141) 75151

Hotels

Fons Salutis, Agliano
Telefon (0141) 954018

Hasta Hotel, Loc. Valle, Asti
Telefon (0141) 213312

Il Cascinale Nuovo, Isola d'Asti
Telefon (0141) 958166-7

Weinkäufe

Die Weingüter sind in der Regel auf Direktverkauf eingestellt. Daneben gibt es in größeren Städten wie etwa Alba vorzügliche Weinhandlungen, in denen allerdings nur unwesentlich günstiger eingekauft werden kann als zu Hause beim vertrauten Italien-Händler.

Einen guten Überblick über die regionale Produktion kann man sich in den einzelnen, nachfolgend aufgelisteten Vinotheken der Weindörfer und Anbaugebiete verschaffen. Sie befinden sich immer in einem sehenswerten historischen Gebäude. Viele Flaschen stehen dort auch zur Degustation (und später zum Kauf) bereit, nur fehlen manchmal die besten Erzeuger, oder die einzelnen Jahrgänge sind unterschiedlich attraktiv bestückt.

Enoteca Regionale di Acqui Terme
Telefon (0144) 770274
geschl. Montag, Mittwoch, Donnerstagmorgen

Enoteca Regionale del Barbaresco, Barbaresco
Telefon (0173) 635251
geschl. Montag, Dienstag

Enoteca Regionale del Barolo, Barolo
Telefon (0173) 56277
geschl. Donnerstag

Enoteca Regionale Costigliole d'Asti
Telefon (0141) 966015
geschl. Montag

Enoteca Regionale di Grinzane Cavour
Telefon (0173) 62159
geschl. Dienstag

Enoteca Regionale di Mango
Telefon (0141) 89127

Enoteca Regionale di Vignale Monferrato
Telefon (0143) 923243
geschl. Dienstag

5. Wein-ABC des Piemont

Ammostatura
Traditionelles Verfahren, das aus der Zugabe von unzerquetschten Traubenbeeren während des Gärungsprozeßes besteht. Bezweckt wird damit die Intensivierung von Fruchtaromen und die Begrenzung des Tanningehalts. Unter jüngeren Weinmachern der Langhe kam die Methode in den letzten Jahren vor allem für Dolcetto und Barbera wieder in Mode. Ein Beispiel etwa ist Elio Altare mit dem Barbera Vigna Larigi.

Arneis
Weißweintraube, die vor allem auf den sandigen Böden des Roero wächst und in den letzten Jahren einen wahren Boom erlebt hat. Sie ergibt einen frischen, aromatischen, saftigen Wein von eher tiefer Säure. Zwei Hauptstilrichtungen sind zu beobachten: eine fruchtbetonte, vollmundige Art mit feiner Traubensüße im Abgang (Beispiel Bruno Giacosa) und eine neutralere, apfelsäuregeprägte, geradlinige, ausgesprochen trockene Linie (Beispiel Almondo). Der Wein scheint mir generell etwas überschätzt. Die riesige Nachfrage hat die Traubenpreise derart hochgetrieben, daß ein Kilo Arneis-Trauben höher gehandelt wird als die gleiche Menge hochklassiger Barolo-Nebbiolo. Das verzerrt – gelinde gesagt – die Verhältnisse denn doch etwas.

Assemblage
Mischen von Trauben oder Weinen aus unterschied-

lichen Rebsorten vor der Gärung bzw. vor dem Faßausbau, oder von Trauben einer Sorte aus verschiedenen Bereichen eines Anbaugebiets. In der Langhe mit ihrer Tradition der Reinsortigkeit hat letzteres für die Erzeugung von Barolo oder Barbaresco eine große Bedeutung. Angestrebt wird damit eine bestimmte Standardqualität.

Asti Spumante
Im Drucktank hergestellter süßer Schaumwein aus der Moscato-Traube mit einem Alkoholgehalt von 7 bis 9,5 Volumenprozent. Erzeugt wird er von der Spumante-Industrie rund um Canelli in gigantischer Menge (jährlicher Ausstoß: rund 70 Millionen Flaschen). Der Wein wird jung getrunken. Um sicherzugehen, daß man keinen Ladenhüter erwischt, wählt man am besten eine Flasche eines Anbieters, der dank seiner Größe für einen gewissen Umsatz bürgt: Bera, Cinzano, Contratto, Fontanafredda, Gancia, Martini & Rossi oder Riccadonna.

Autorenweine
Jenseits von DOC- und DOCG-Bestimmungen erzeugte Weine, die ihre besondere Qualität hauptsächlich dem Ehrgeiz, der Phantasie und dem Können ihres jeweiligen Schöpfers verdanken und die als »Vino da Tavola« auf den Markt kommen. Bei fast allen diesen im Piemont geschaffenen Produkten handelt es sich um eine Assemblage zweier Rebsorten, die in Barriques reiften. Das Schwergewicht bilden Verschnitte von Nebbiolo und Barbera in wechselnden Proportionen. Auf den Vorwurf des Verstoßes gegen die piemontesische Tradition der Reinsortigkeit antworten die Exponenten mit der Berufung auf eine lokale Tradition. So soll es in Monforte früher etwa üblich gewesen sein, den Nebbiolo mit dem farbkräftigen Barbera zu stärken. Und dem Barbera d'Alba war bis zum

Jahrgang 1987 gar die Zugabe von 15 Prozent Nebbiolo offiziell gestattet. Die bekanntesten Autorenweine sind Bricco Manzoni von Migliorini (80/20 Prozent Nebbiolo/Barbera), Arte von Clerico (90/10 Prozent Nebbiolo/Barbera), Monpra von Conterno-Fantino (50/50 Prozent Nebbiolo/Barbera), Pin von La Spinetta (80/20 Prozent Barbera/Nebbiolo), Villa Pattono der Abbazia dell'Annunziata (80/15/5 Prozent Barbera/Freisa/Uvalino) und Bricco del Drago von Luciano de Giacomi (85/15 Prozent Dolcetto/Nebbiolo). Eine eigene Kategorie bilden die reinen, in neuen Barriques ausgebauten Nebbiolo-Weine wie Altares Vigna Arborina oder Aldo Conternos Il Favot. Sie versuchen, einem internationalen Weingeschmack eine Brücke zum Barolo zu bauen.

Azienda agricola
Selbstkelterbetrieb, der ausschließlich Trauben aus eigenem Anbau verarbeitet.

Barbaresco
Name des Nebbiolo-Weins aus dem Barbaresco-Anbaugebiet und gleichzeitig wichtigstes Dorf dieser Zone: Zirka 45 Prozent der Gesamtproduktion wachsen innerhalb seiner Grenzen.

Barbaresco wird östlich und nordöstlich von Alba in den Gemeinden Barbaresco, Neive, Treiso und in zwei Fraktionen der Stadt Alba erzeugt. In die Anbaufläche von knapp 500 Hektar teilen sich ebensoviele Rebbergbesitzer, was die starke Stellung der traubenkaufenden Händler, die rund die Hälfte der Ernte verarbeiten, und der Genossenschaften erklärt. 2,5 bis 3 Millionen Flaschen zählt die mittlere Produktion. Mengenmäßig bedeutendster Anbieter sind die Produttori del Barbaresco. Außergewöhnliche Lagen heißen: Asili, Martinenga, Montefico, Montestefano, Pajé, Porra, Rabajà, Riosordo, Sorì San Lorenzo, Sorì Tildin in Barbaresco; Basarin, Gallina, Santo Stefano in Neive; Casotto, Giacosa, Marcarini und Pajoré in Treiso.

Barbera
Verbreitetste Rotweintraube des Piemont. Sie bedeckt rund 50 Prozent der Anbaufläche und ergibt farbintensive, säurereiche und tanninarme, kräftige Weine, deren Qualitätsspektrum von der Spitzenklasse bis in die tiefsten Niederungen der anonymen Massenware reicht. Die DOC-Weine sind: Barbera d'Asti, Barbera d'Alba, Barbera Colli Tortonesi, Barbera del Monferrato, Rubino di Cantavenna und Gabiano.

Barolista
Spezialist der Barolo-Erzeugung.

Barolo
Name des Nebbiolo-Weins aus dem Barolo-Anbaugebiet und gleichzeitig eines der bedeutenden Dörfer dieser Zone.

Rund 13 Prozent der Gesamtproduktion wachsen da, wo die Weine analog der ineinander übergehenden Bodentypen Tortoniano und Elveziano Eleganz wie Wucht in sich vereinen.

Das gesamte Barolo-Gebiet südwestlich von Alba erstreckt sich über elf Gemeinden, deren wichtigste La Morra, Barolo, Monforte, Serralunga und Castiglione Falletto sind. Es besitzt eine Fläche von knapp 1200 Hektar, in die sich fast ebensoviele Winzer teilen (entsprechenden Stellenwert nehmen die Weinhändler und Genossenschaften ein). Die durchschnittliche Jahresproduktion beträgt gegenwärtig rund sechs bis sieben Millionen Flaschen. Die mengenmäßig größten Anbieter sind Fontanafredda und die Genossenschaft Terre del Barolo mit je rund einer Million Flaschen, Marchesi di Barolo mit 300000 bis 400000 Flaschen und Batasiolo mit rund 300000 Flaschen.

Die besten Lagen heißen: Brunate, Cerequio, Conca dell'Annunziata, Gattera oder Monfalletto, Rocche dell'Anunziata in La Morra; Brunate, Cannubi (Muscatel, Valletta, San Lorenzo, Cannubi, Monghisolfo), Cerequio, Sarmassa in Barolo; Bussia (Soprana und Sottana), Ginestra in Monforte; Baudana, Lazzarito, Marenca e Rivette, Vigna Rionda in Serralunga; Monprivato, Rocche, Villero in Castiglione Falletto.

Barolo Chinato
Bittersüßer Verdauungslikör aus mit Chinarinde versetztem Barolo.

Barrique
Kleines, 225 Liter fassendes Eichenholzfaß, in dem der junge Wein ausgebaut wird. Dieser erhält dadurch eine kräftige Gerbstoffstruktur und vermag besser zu altern. Die Methode blickt im Bordelais und im Burgund (wo sich das Fäßchen »Pièce« nennt) auf eine lange Tradition zurück, in anderen Weinbauregionen – so auch im Piemont – wird sie zunehmend populärer.

Angelo Gaja, der die Barrique in der Langhe einführte, hat ihre Vorteile einmal so beschrieben: »Für gerbstoffhaltige Weine wie Barolo und Barbaresco ist es ideal, wenn sie durch feinere, süßere Gerbstoffe angereichert werden. Die sehr aromatischen Holztannine verbinden sich mit den natürlichen Gerbstoffen der Traube. So erhält man rundere, weichere Weine, denen aber nichts an Kraft und Körper abgeht. Dazu kommt eine größere Spannweite ihrer Konsumreife. Sie sind früher trinkreif, behalten aber ihre Lagerfähigkeit.«

Boca
DOC-Wein aus Nebbiolo (Spanna), Vespolina und Bonarda aus einer der Hanglagen zwischen dem Sésia-Tal und dem Orta-See in der Provinz Novara.

Bonarda
Die im Nordpiemont verbreitete rote Traubensorte wird in DOC-Weinen hauptsächlich mit Spanna und Vespolina verschnitten.

Brachetto
Rote, vorwiegend in der Gegend um Acqui und vereinzelt wieder im Roero angebaute Traubensorte, die eine gesuchte Rarität darstellt. Es gibt zwei Typen von Brachetto: einen moussierenden, aromatischen, leichten Schaumwein (DOC: Brachetto d'Acqui), und als absolute Seltenheit etwa von Correggia und Scarpa einen umwerfend fruchtbetonten (Lychee, Pfirsich, Rosen), aber kompromißlos trokkenen stillen Wein.

Bramaterra
Kleines DOC-Gebiet in der Provinz Vercelli. Der Rotwein wird aus Nebbiolo (Spanna), Croatina und Bonarda erzeugt. Die Trauben stammen aus Hügellagen in sieben Gemeinden.

Bricco
Erstklassiger Rebberg auf der Hügelkuppe einer Lage.
 Manchmal fragt man sich, ob es wirklich so viele Hügelspitzen gibt, wie Briccos in den letzten Jahren auf den Etiketten aufgetaucht sind.

Cabernet Sauvignon
Spät reifende rote Rebsorte aus dem Bordelais, die Angelo Gaja als erster in der Langhe angepflanzt hat, um mit seinem exquisiten Darmagi auch in internationalen Vergleichswettbewerben beweisen zu können, welch immenses Potential im Boden der Langhe steckt. Andere Erzeuger wie Ceretto oder Ratti sind ihm inzwischen gefolgt, reichen aber mit ihren Gewächsen vorläufig noch nicht an Gaja heran.

Cantina Sociale
Genossenschaftskellerei, die Trauben ihrer Mitglieder verarbeitet. Im Piemont, wo die überwiegende Zahl der Winzer kleinste Parzellen bewirtschaftet, weshalb sich eine Eigenkelterung nicht lohnt, kommt der Cantina eine wichtige sozioökonomische Bedeutung zu.

Cappello sommerso
Untergetauchter Hut. Traditionelle Gärmethode, bei der während der Maischegärung und Mazeration der kompakte Tresterhut permanent unter der Oberfläche des Mostes gehalten wird, damit Farb- und Extraktstoffe aus den Beerenhäuten gezogen werden.

Carema
DOC für gebirglerisch herben Rotwein aus der Nebbiolotraube, die am Ausgang des Aostatals auf steilen, terrassierten Südwesthängen wächst und auch Picutener, Pugnet oder Spanna genannt wird. Die Anbaufläche ist winzig klein (40 Hektar). Die Weine entfalten nach ein paar Jahren der Reifung ein feines, ätherisches Bouquet, erreichen aber nicht das Format eines Barolo oder Barbaresco

Cascina
Hofstelle. Kleines, meist mitten in den Rebbezirken stehendes landwirtschaftliches Gebäude, das früher einmal als Produktionszentrum diente, heute jedoch vielfach nur noch den Namen des Weinberges begleitet.

Castiglione Falletto
Aus diesem Dorf im Barolo-Anbaugebiet kommen knapp zehn Prozent der Gesamtproduktion. Einzelne Lagen wie Monprivato, Rocche oder Villero besitzen Grand-Cru-Status. Ein Barolo aus Castiglione Falletto weist – sofern derartige Typisierun-

gen zulässig sind – ein besonders ausgewogenes Verhältnis zwischen Frucht und Tannin und eine deutliche Lakritz-Note auf.

Chardonnay
Früh reifende, weiße Traubensorte, die im Piemont – wie überall auf der Welt – in jüngster Vergangenheit vermehrt angebaut worden ist. Pionier und Schrittmacher war Angelo Gaja mit seinem vorzüglichen Gaia & Rey. Neben einem ambitionierten eichenholzbetonten, manchmal etwas gar füllig und süßlich ausfallenden Typ (gelungene Weine stammen beispielsweise von Pio Cesare, Moccagatta, Bruno Rocca, Paolo Saracco, Roberto Voerzio) gibt es eine neutralere, säurebetonte, im Stahltank ausgebaute Richtung. Zweifel am Alterungspotential dieser Gewächse und der generellen Eignung der Langhe-Böden für reifebedürftige, komplexe Weißweine sind aber durchaus angebracht.

Conca
Bezeichnung für eine muschelförmig offen liegende Weinberglage, in der die Reben geschützt wie in einem Amphitheater wachsen.

Cortese
Kräftige, ertragreiche Weißweinsorte (die beste des Piemont), die auf mageren Böden trockene, rassige Weine ergibt. Ihr elegantester ist der Gavi.

Costa
Hochwertige, von Südosten nach Südwesten ausgerichtete Reblage. Gegenstück zur französischen »Côte«.

Cru
Wein, der aus einem einzigen begrenzten Gebiet kommt und dank der Klasse seines Terroirs wie auch seines Produzenten hervorragende, organolep-

tisch feststellbare Eigenschaften entwickelt.

Beppe Colla von Prunotto, einer der maßgeblichen Förderer der Einzellagen-Vinifizierung in der Langhe, meint zur Cru-Euphorie in seiner Heimat: »Das Recht, als Einzellage getrennt vinifiziert zu werden, darf nur ein Rebberg beanspruchen, der Weine von einer genau definierten, individuellen Persönlichkeit ergibt. Guter Barolo oder Barbaresco wächst in vielen Zonen, aber nur sehr wenige dieser Weine weisen Jahr für Jahr einen ausgeprägten, spezifischen Charakter auf. Von diesen Crus abgesehen, macht man besser eine Assemblage von Trauben aus verschiedenen Gebieten, um sicherzugehen, daß man ein qualitativ beständiges Produkt erzielt.«

Damigiane
Glasflaschen von 50 Liter Inhalt, in denen der Barolo traditionsgemäß nach dem Faßausbau und vor der Flaschenabfüllung zwischengelagert wird.

DOC
Denominazione di origine controllata. Offizielles System der italienischen Weingesetzgebung. Schreibt analog der französischen Appellation contrôlée Herkunft und Art der Traubensorte, Ertrag, Alkoholgehalt und Herstellungsmethoden vor.

DOCG
Denominazione di origine controllata e garantita. Theoretisch höherwertiges Klassifikationssystem. Die Kontrolle wird garantiert (!), und die Weine müssen zusätzlich einen Degustationstest bestehen. War ursprünglich für die besten Gewächse Italiens vorgesehen (Barolo, Barbaresco, Brunello di Montalcino...); nachdem nun aber auch wenig aufregende Weine wie etwa Albana di Romagna in den Genuß dieser höheren Weihe gekommen sind, wartet man eigentlich auf eine neue Super-DOCG.

Dolcetto
Zweitwichtigste (Rotwein-)Sorte des Piemont. Bedeckt 14 Prozent der Anbaufläche und ergibt purpur- bis violettfarbenen, fruchtbetonten, säurearmen, aber trockenen Wein, der in seinen besten Varianten so betörend fruchtig, saftig und weinig ausfällt wie kaum ein anderes Gewächs. Die DOC-Zonen heißen: Dolcetto d'Acqui, Dolcetto d'Alba, Dolcetto d'Asti, Dolcetto delle Langhe Monregalesi, Dolcetto di Diano d'Alba, Dolcetto di Dogliani und Dolcetto di Ovada. Der Dolcetto aus Alba gilt gemeinhin als der beste, aber auch aus Diano d'Alba oder Dogliani können besonders superbe Tropfen kommen.

Erbaluce di Caluso
DOC-Gebiet im Canavese südlich von Ivrea in der Provinz Torino und Vercelli. Angebaut wird die Rebsorte Erbaluce, die einen trockenen, etwas spröden Weißwein, einen ansprechenden Schaumwein und den üppig-süßen, einzigartigen Dessertwein Caluso passito ergibt. Führender Erzeuger: Cieck.

Fara
DOC-Gebiet nördlich von Novara in der Provinz Vercelli im Nordpiemont. Seine Rotweine aus einem Nebbiolo (Spanna)-/Vespolina-/Bonarda-Verschnitt sind herb und trocken und etwas leichter als die aus den benachbarten Zonen Ghemme und Gattinara.

Favorita
Ertragsstarke weiße Rebsorte, die in den Roero-Bergen einen einfachen, leichten, manchmal etwas neutralen Wein ergibt, der sich in letzter Zeit steigender Beliebtheit erfreut. Man vermutet, daß die Favorita mit dem ligurischen Vermentino verwandt ist.

Freisa
Diese rote Rebsorte wird vor allem in der Gegend um Asti und in den Hügeln der Langhe angebaut. Noch im 18. und 19. Jahrhundert weit verbreitet, geriet sie in Vergessenheit und erlebte erst in den letzten Jahren eine schüchterne Renaissance. Die Weine kommen trocken und leicht schäumend auf den Markt oder dann tiefdunkel, tanninherb, nach roten Beeren duftend, und sie können rustikale Rasse entwickeln. Herausragende (nicht schäumende) Freisa stammen von Scarpa, Vajra und den Gebrüdern Coppo, die den Wein gar in der Barrique ausbauen.

Frizzante
Leicht schäumender, süßer oder trockener Wein mit schwächerem Kohlensäuredruck als Spumante. Besitzt im Piemont auch für Barbera und Freisa eine lebendige Tradition.

Gattinara
Wichtigstes DOC-Gebiet im Nordpiemont nordwestlich der Stadt Novara in der Provinz Vercelli. Kräftiger, tanningeprägter und reifebedürftiger Rotwein, praktisch zu hundert Prozent aus Nebbiolo (Spanna) bestehend; wächst dort an Südhängen von 90 Hektar Größe. Sein alter Glanz ist etwas verblichen – früher galt der Gattinara als einer der größten Rotweine Italiens –, doch Weingüter wie Antoniolo, Le Colline und Travaglini arbeiten mit Erfolg an der Wiederherstellung des guten Rufs.

Gavi
Das wichtigste Weißweingebiet des Piemont liegt in der Provinz Alessandria südlich von Novi Ligure, östlich von Ovada, wo in Hanglagen auf kalkreichen Lehmböden der Cortese kultiviert wird. Mittels ausgeklügelter Kellertechnik entsteht aus dieser an sich wenig spektakulären Sorte, die bis in die

siebziger Jahre hauptsächlich Grundweine für die Spumante-Industrie lieferte, ein dezent fruchtiger, rassiger, säurereicher, gut zu Fisch passender Weißwein. Vittorio Soldati von La Scolca ebnete mit seinem berühmten und teuren Gavi dei Gavi dem Gewächs den Weg. In den letzten 15 Jahren hat sich die Produktion verdreifacht. Rund 30, im Anbaugebiet domizilierte Weingüter bieten heute einen Gavi von zuverlässiger Qualität an. Dazu kommen zahlreiche Abfüller von außen. Neben La Scolca werden La Battistina, Nicola Bergaglio, Ca'da Meo, Castellari Bergaglio, Castello di Tassarolo, La Meirana, San Pietro und Villa Sparina zur Spitze gerechnet.

Ghemme
Sperriger Rotwein aus Nebbiolo (Spanna), Vespolina und Bonarda. Das DOC-Gebiet im Nordpiemont ist nur durch einen Fluß vom westlicher liegenden Gattinara getrennt. Beste Erzeuger sind die Antichi Vigneti di Cantalupo.

Grignolino
Originelle, rare (weil ertragsschwache) Traubensorte, die hauptsächlich im Astigiano und im Monferrat angebaut wird. Zwei DOC-Zonen gehören dazu: Grignolino d'Asti und Grignolino del Monferrato Casalese. Der rauhe, körperarme Wein ist von hellroter bis zwiebelschalenfarbener Robe, besitzt ein kratziges Tannin und eine angenehme Bitternote im Abgang. Ein Wein für Liebhaber, gewiß, gleichzeitig aber auch ein Wein von großer Eigenständigkeit. Scarpa erzeugt im Monferrat einen interessanten Grignolino, doch auch die Langhe kann mit gutem Grignolino von Aldo Conterno und Bartolo Mascarello aufwarten.

Klon
Griech., »Schößling«. Durch ungeschlechtliche Ver-

mehrung mittels Steckling aus einem Rebstock entstandene Nachkommenschaft.

La Morra
Dorf im Barolo-Anbaugebiet, aus dem rund ein Drittel der Gesamtproduktion stammt. Zu den Spitzenlagen gehören Brunate, Cerequio und Rocche dell'Annunziata. Barolo aus La Morra ist feiner und eleganter im Duft (häufig der Geruch von Trüffel), weicher und milder in der Struktur, und er reift schneller. Früher wurde er spöttisch »barolino« gerufen, doch heute kommen dank einiger hochklassiger Produzenten einige der besten Baroli aus La Morra.

Lampia
Vielleicht der am häufigsten anzutreffende Nebbiolo-Klon im Barolo- und Barbaresco-Gebiet. Wird oft mit Michet verwechselt.

Langhe
Dialektausdruck für die Hügellandschaft um Alba südlich und östlich des Flußes Tanaro.

Laozzolo
Moscato passito, erzeugt im abgelegen Hügeldorf Laozzolo im Monferrat. Kreiert wurde der gesuchte, teure Wein – eine Art Trockenbeerenauslese aus der Moscato-Traube – vom Önologen Giancarlo Saglione. Er nannte ihn Forteto della Luja und baute ihn in Barriques aus. Die anderen Winzer des Dorfes ahmten ihn nach und partizipierten am Erfolg, der sich seit 1992 gar in einer eigenen DOC niedergeschlagen hat.

Lessona
Kleines DOC-Gebiet für Rotwein auf Nebbiolo-Basis (Spanna), westlich von Gattinara in der Provinz Vercelli.

Materia prima
Traubengut, das der Kelter zugeführt wird. Je besser seine Qualität, desto größer die Chance für einen guten Wein.

Mazeration
Phase der Extraktion von Farbe, Gerbsäuren und Aromastoffen während und eventuell auch nach der Maischegärung.

Michet
Nebbiolo-Klon im Barolo- und Barbaresco-Gebiet. Gilt wegen geringem, allerdings unregelmäßigem Ertrag und wegen seiner kleinen Beeren als die hochwertigste Spielart.

Monferrat
Sanft gewellte Hügellandschaft südlich und östlich von Asti.

Monforte
Dorf im Barolo-Anbaugebiet, aus dem zirka 17 Prozent der Gesamtproduktion kommen. Hochklassige Rebberge stehen in Bussia Soprana und Ginestra. Ein Barolo aus Monforte ist fest und dicht in der Struktur, langlebig, und er betört im fortgeschrittenen Alter häufig mit seinem typischen Teergeruch. In den Grenzen von Monforte stehen besonders viele neue, aufstrebende Weingüter. Manche Lage war früher mit Barbera und Dolcetto bestockt, und Kapazitäten für Nebbiolo lagen brach. Wenn sich etwa in der Gemeinde Barolo nur mehr wenig zu bewegen scheint, so ist Monforte noch für Überraschungen gut.

Moscato
Die Muskateller-Traube ist die am meisten verbreitete weiße Rebsorte des Piemont. Ihr bestes Anbaugebiet sind die Langhe-Berge um Canelli. Doch

auch im Monferrat und im Astigiano bringt sie gute Resultate. Die aromatische Sorte wird zu Asti Spumante, zu Moscato passito und zum einzigartigen, feinschäumenden Moscato naturale verarbeitet.

Nebbiolo
Obwohl sicher die bekannteste und qualitativ höchststehende Sorte des Piemont, besitzt der Nebbiolo bloß einen Anteil von vier Prozent am Rebsortenspiegel. Die spät reifende Traube ist reich an Tannin und Säure, eher arm an Farbe. Mit einer sorgfältigen Maischegärung ergibt sie mächtige, langlebige Weine von großer Ausdruckskraft. Die besten Nebbiolo-Weine kommen aus Barolo und Barbaresco. Doch auch ein Nebbiolo d'Alba, ein Roero oder einzelne Gewächse aus dem Nordpiemont wie etwa Carema, Ghemme oder Gattinara vermögen Glanzlichter zu setzen.

Negoziante
Weinhändler (auch »Commerciante« genannt), der Wein oder Trauben kauft und unter eigenem Etikett vertreibt. In der Langhe, mit ihren vielen kleinen Parzellen in Familienbesitz, verarbeitet diese Gruppe von Weinerzeugern rund die Hälfte der Traubenproduktion. Da viele Winzer inzwischen begonnen haben, die Trauben aus ihren besten Lagen selber zu keltern, weshalb immer weniger wertvolles Traubengut auf den Markt kommt, haben vermehrt auch Weinhändler im größeren Stil den Kauf von Rebbergen betrieben.

Neive
Dorf im Barbaresco-Gebiet mit einem Anteil von rund 30 Prozent an der Gesamtproduktion. Die besten Rebberge liegen in Basarin, Gallina, Santo Stefano, teilweise auch in Bricco Neive, wo ein besonders dicht strukturierter, fast schon baroloartiger Barbaresco wächst.

Pelaverga
Rarität unter den roten Rebsorten. Wächst in Verduno in der Barolo-Zone und ergibt einen alkoholreichen, aber eher leicht strukturierten, feinen Wein.

Riserva
Bezeichnung für Gewächse, denen vor der Marktfreigabe eine länger als üblich dauernde Reifezeit (häufig im Holzfaß) zugestanden wird. Nach fünf Jahren darf sich ein Barolo, nach vier ein Barbaresco Riserva nennen. Die Qualität kann – muß aber nicht – besser sein.

Ruchè
Auch Rouchet. Fast schon ausgestorbener Rotwein aus der gleichnamigen Rebsorte, die möglicherweise aus dem Burgund stammt und heute im Monferrat wieder eine Belebung erfährt. Einzigartig mit seinem Aprikosenaroma ist der Rouchet von Scarpa.

Roero
Die Weinlandschaft nördlich des Tanaro und der Stadt Alba erhielt 1985 für ihren Nebbiolo und Arneis eine eigene DOC. Die Hügel sind da kegelförmig, die sandigen Böden leichter, und die Weine setzen mehr auf Duft und Eleganz als auf Körper und Wucht. Wichtige Erzeuger: Giovanni Almondo, Matteo Correggia, Carlo Deltetto, Malabaila, Malvirà und Angelo Negro.

Rosé
Nebbiolo-Klon im Barolo-Gebiet. Ergibt hellere, leichtere, delikatere Weine.

Sauvignon Blanc
Spät reifende Weißweinsorte aus dem Bordelais. Angelo Gaja experimentiert damit seit einigen Jah-

ren in der Langhe (Pflanzung der Reben 1983). Sein Alteni di Brassica ist vielleicht noch auf der Suche nach seiner Identität. In Monforte lancierte 1991 Marco Parusso erstmals einen vielversprechenden, barriquegereiften Sauvignon.

Serralunga
Dorf im Barolo-Anbaugebiet, aus dem rund 17 Prozent der Gesamterzeugung kommen. Großen Ruf besitzen einzelne Lagen von Fontanafredda wie Lazzarito, der neue Gaja-Besitz Marenca e Rivette und andere Expositionen: Vigna Rionda, Francia usw. Serralunga-Baroli gelten als die Paradigmen des klassischen Barolo: verschlossen, hart im Tannin, hoch in der Säure und von langer Lebenserwartung. Man darf damit rechnen, daß Gaja die etwas altherrlich-verschrobene Barolo-Gemeinde auf Trab bringen wird.

Sizzano
Südlich an Ghemme anschließendes DOC-Gebiet mit leichteren, früher trinkreifen Rotweinen, die neben Spanna bis zu vierzig Prozent Vespolina enthalten.

Sorì
Dialektausdruck für einen Rebhang mit reiner Südausrichtung.

Spanna
Im Nordpiemont gebräuchliche Bezeichnung für die Nebbiolo-Rebe.

Treiso
Dorf im Barbaresco-Gebiet, das rund ein Fünftel der Gesamtproduktion liefert. Die besten Lagen liegen südlich und westlich des Monte Aribaldo: Pajaoré, Marcarini, Casotto und Giacosa. Das Terroir von Treiso wird noch etwas unterschätzt, da

sein Traubengut häufig mit dem anderer Gebiete verschnitten wird und das Dorf nur wenige wirklich gute Winzer besitzt, die selbstgekelterte Lagenabfüllungen anbieten.

Vespolina
In den Novara-Vercelli-Bergen des Nordpiemont verbreitete rote Traubensorte, die in DOC-Weinen häufig mit Spanna verschnitten wird.

Vino da Tavola
Wörtlich: Tisch- oder Tafelwein. Theoretisch die unterste Qualitätsstufe italienischer Weine, in der Praxis aber das Auffangnetz für teilweise großartige Gewächse, die durch die Maschen der DOC gefallen sind.

Quellenverzeichnis

Die meisten in diesem Buch verarbeiteten Informationen verdanke ich zahlreichen Fahrten ins Piemont und unzähligen guten, freundschaftlichen Gesprächen mit seinen Winzern und Weinerzeugern. Darüber hinaus hat mir natürlich auch bereits erschienene Literatur zum Thema sehr geholfen.

Burton Anderson: *Atlas der italienischen Weine;* Bern und Stuttgart 1990.
Arcigola: *Atlante delle grandi vigne di Langa;* Bra 1990.
Friedrich Eberle, Christa Klauke: *Barolo & Barbaresco;* Düsseldorf 1990.
Michael Garner, Paul Merritt: *Barolo – Tar and Roses;* London 1990.
Jens Priewe: *Piemont – Reisen in die Welt des Weins;* München 1992.

Register

Abbazia dell'Annunziata 48, 123f.
Abbazia di Vallechiara 191
Abbona, Pietro Emilio 164
Abrigo, Orlando 124
Accomasso, Lorenzo 48, 125
Alario, Claudio e Matteo 125
Almondo, Domenico 126
Almondo, Giovanni 125f., 215
Altare, Elio 26, 28, 35, 48, 56, 69ff., 105, 110, 149, 151, 161
Ammostatura 215
Antichi Vigneti di Cantalupo 226
Antinori 178
Antoniolo 225
Apoteosi 141
Arborina 48
Arcigola-Slow Food 46
Arneis 215
Arneis Blangé 140
Arneis Cornarea 149
Arneis Renesio 162
Arte 37, 75, 95, 146, 217
Ascheri, Giacomo 126
Asili 61
Assemblage 215f.
Asti Spumante 63ff., 216
Autorenweine 37, 75, 117, 201f.
Azelia 51, 126f.

Ballario, Piero 143, 160
Barale, Fratelli 50, 127
Barbaresco, Wein 58ff., 217
Barbaresco, Dorf 19, 60ff., 217
Barbaresco Asili 61, 176
  Bric Balin 167
  Bricco Asili 62, 138, 139
  Camp Gros 143
  Cole 167
  Costa Russi 92
  Curà 160
  Gaiun 143
  Gallina 157
  La Martinenga 143
  Marcarini 102
  Marcorino 160
  Maria di Brün 134
  Masseria 62, 192
  Moccagatta 61
  Montefico 61, 176
  Montestefano 61, 62, 176, 177
  Ovello 61, 176
  Pajé 61
  Pora 61, 176
  Rabajà 61, 62, 176, 179, 192
  Rio Sordo 61, 176
  Rombone 63, 170
  Santo Stefano 46, 62, 157
  Serraboella 142
  Sorì Paitin 172
  Sorì San Lorenzo 46, 92
  Sorì Tildin 92
  Tettineive 185
Barbera 30ff., 218
Barbera d'Alba 35
Barbera d'Asti 37
Barbera Ai Suma 132
  Basarin di Neive 167
  Bricco dell'Uccellone 81, 131
  Bricco della Bigotta 132
  Bricco delle Viole 190
  Bricco di Pugnane 172
  Bricco Marun 150f.
  Conca Tre Pile 81
  Giada 170
  La Monella 132
  Maria Giovanna 159
  Pian Romualdo 177
  Vigna Martina 161
  Vigna Pozzo 149
  Vignarey 92
  Vignasse 112
Barilot 141
Barolo, Wein 22f., 38ff., 218f.
Barolo, Dorf 49f., 218
Barolo Bofani 128
  Boscareto 128
  Bric del Fiasc 109
  Bricco Bussia Vigna Cicala 82, 83
  Bricco Bussia Vigna Colonnello 82, 83

Bricco Rocche 138, 139
Brunate 48, 112, 138, 139, 163, 165
Bussia 47, 172, 177
Cannubi 110, 165
Cannubi Boschis 105
Cascina Francia 53, 86
Cerequio 48, 112
Chinato 219
Ciabot Mentin Ginestra 146
Conca 124
Coste di Rose 165
Enrico VI 168
Falletto 53, 157
Gavarini Vigna Rüncot 161
Ginestra Vigna Casa Matè 161
Granbussia 82, 83
La Corda della Briccolina 128
La Delizia 155
La Rosa 155
La Serra 112
Lazzarito 53, 155
Le Coste di Monforte 185
Marcenasco 124
Mariondino 172
Monfortino 53, 79, 85, 86f.
Monprivato 13, 51, 57, 100f.
Ornato 53, 174
Prapò 138, 139
Riserva Villero 191
Rocche 124, 157, 170, 192
Rocche di Annunziata 110
Romirasco 83
Sarmassa 165
Sorì Ginestra 148
Sperrs 53, 95
Tettimorra 185
Vigna Big 182
Vigna d'la Roul 182
Vigna del Gris 148
Vigna Giacchini 149
Vigna Mesdi 182
Vigna Rionda 53, 157
Vigneto Arborina 74, 75
Villero 102, 157
Barrique 57, 219
Bartalucci, Enrico 143
Batasiolo 46, 53, 127f.
Belcolle 129
Bera 65, 129, 216

Berruti, Pietro 188
Bianco, Franco 129
Bianco, Luigi e Figlio 129f.
Boca 219f.
Boffa, Pietro 130
Boffa, Pio 173
Bologna, Anna, Raffaella, Beppe 132
Bologna, Giacomo 35, 81, 131ff.
Bonarda 220
Bonino 153
Borgogno, Cesare 130
Borgogno, Giacomo 130
Borio, Mariuccia 137
Boscareto 53
Boschis, Cesare, Chiara, Giorgio 130, 174
Boschis, Lage 50
Bovio, Gianfranco 48, 131
Böden 18f., 44f., 49, 52, 58f.
Brachetto 220
Braida di Giacomo Bologna 131ff.
Bramaterra 220
Brezza 133
Bricco del Drago 135, 217
Bricco Manzoni 182, 217
Bricco Rocche 51
Bricco Serra 142
Briccolina 53
Brovia, Fratelli 28, 133
Brunate 48, 50
Bruno, Roberto 160
Burlotto, Gabriella 129, 136
Bussia Soprana 52, 80

Ca'da Meo 226
Ca'Romè 134f.
Cabernet Sauvignon 220
Cabernet Sauvignon Darmagi 94
Cannubi 49, 52
Cantina del Glicine 62, 160
Cantina Sociale 221
Cappellano, Teobaldo 135
Cappello sommerso 55, 221
Carema 221
Carlo Alberto, König 136
Casa Vinicola Piemontese 164
Cascina 221
Cascina Antico Podere Averame 141

Cascina Castlèt 35, 137
Cascine Drago 135
Casotto 63
Castello di Neive 23, 62, 136
Castello di Tassarolo 226
Castello di Verduno 129, 136
Castiglione Falletto 50f., 221f.
Castino, Carlo, Mario 184
Cavalotto 50, 137
Cavazza, Domizio 23, 61
Cavour, Camillo di 23
Cerequio 48, 50
Ceretto 48, 50, 51, 62, 138ff., 149, 159, 220
Ceretto, Bruno 138
Ceretto, Marcello 138
Castellari Bergaglio 226
Chardonnay 222
Chardonnay Buschet 167
  Educato 161
  Elioro 169
  Fossati e Roscaleto 112
  Gaia & Rey 94
  Morino 128
  Piodilei 174
  Rossj-Bass 94
Chiarlo, Michele 48, 140f.
Chionetti 141f.
Cieck 224
Cigliutti, Renato 60, 62, 142
Cinzano 216
Cisa Asinari dei Marchesi Di Gresy 142ff.
Clerico, Domenico 28, 51, 75, 110, 144ff., 161
Cogno, Elvio 163
Colla, Beppe 47, 111, 177, 223
Colla, Tino 178
Colué 147
Commendatore G.B. Burlotto 133f.
Conca dell' Annunziata 48
Conterno Stefano 81
Conterno, Aldo 28, 51, 52, 75, 78ff., 85, 147, 148, 226
Conterno, Franco 81
Conterno, Giacomo 78, 81, 147, 190
Conterno, Giovanni 28, 34, 51, 53, 56, 57, 79, 84ff., 113, 147, 148, 190, 192

Conterno-Fantino 51, 147f.
Contratto 216
Coppo 35, 148f., 225
Cordero di Montezemolo 48, 50, 51, 72, 168f.
Cordero di Montezemolo, Giovanni, Enrico 168
Cordero di Montezemolo, Paolo 55, 168
Cordero, Mario 191
Corino, Renato 35, 48, 77, 149
Cornarea 149
Correggia, Matteo 35, 77, 150f., 220
Cortese 225, 225
Cortese, Giuseppe 151
Costa Russi 61
Cotta 62
Crichët Pajé 171
Cru 45ff., 117, 222f.
Currado, Alfredo 191
Currado, Elisabetta 191

Damonte, Roberto 162
Daprüvé 135
Deltetto, Carlo 151
Denecke, Rudolf 151
DOC Barbera 194f.
DOC Dolcetto 194
DOC Moscato 196
DOCG Barbaresco 195f.
DOCG Barolo 195
Dogliani, Fratelli 127
Dogliotti 65, 152
Dogliotti, Romano 152
Dolcetto 26ff., 224
Dolcetto Boschis di Berri 163
  Cascina Nuova 74
  Corsini 102
  Cursalet 159
  d'Alba 27f., 224
  Disa 192
  La Costa 142
  La Pria 74
  Monte Aribaldo 63
  Morino 155
  Pria San Francesco
  Croera 28, 113
  Priavino 28, 113
  San Luigi 142
  Solatia 133
  Sorì Briccolero 142

Vignabajla 92
Vigna dei Grassi 161
Vigna Maestra 159
Duca d'Asti 140

Elveziano 44, 49, 52
Enrico VI 50
Erbaluce di Caluso 224

Falletti, Colbert, Giulietta, Marchesa 23, 104
Falletti, Marchesi di 39
Fantino, Guido 147, 161
Fantino, Sandro 165
Fara 224
Faset 61
Favorita 224
Fennocchio, Ferruccio 173
Fennocchio, Paolo 174
Fenocchio, Giacomo e Figli 152
Ferraresi, Claudia 181
Fiasco 50
Fontanafredda 23, 46, 52, 153 ff., 216
Formigli, Silvano 76
Forteto della Luja 67, 227
Fossati 48
Francia 53
Franco Fiorina 48, 152 f., Freisa 225

Gaja, Angelo 35, 53, 57, 60, 61, 62, 63, 78, 89 ff., 138, 156, 180, 219, 220, 222, 231
Gallina 62
Gancia 50, 216
Gastaldi 27, 60, 155
Gattera 48
Gatti, Piero 65, 156
Gattinara 225
Gavarini 52
Gavi 225 f.
Geschichte 21 ff.
Ghemme 226
Ghiga 61
Giacomi, Luciano de 135
Giacosa, Bruno 28, 51, 53, 56, 60, 62, 156 ff., 192, 215
Giacosa, Fratelli 159
Giacosa, Lage 63
Gillardi, Giacolino 159
Ginestra 52

Gramolere 51
Grassi 52
Grasso, Elio 28, 35, 51, 110, 160 f.
Grazia, Marc de 76, 167, 171
Gresy, Alberto Di 143
Gresy, Marchesi Di 28, 60, 62, 63, 142 ff., 151, 160
Grignolino 226
Guerriri di Mirafiori, Emanuele, Graf 23, 139, 154

I Paglieri 171
I Vignaiolo di Santo Stefano 65
Il Favot 75, 81, 217

Jahrgänge 197 ff.

Kiola 128
Klima 19 f., 59

La Battistina 226
La Bernardina 139
La Meirana 226
La Morandina 65, 169
La Morra 48 f., 227
La Scolca 226
La Serra 48
La Spinetta (Rivetti) 37, 65, 187 f.
La Spinona 188
Lampia 43, 227
Langhe 13, 127
Le Colline 225
Lessona 227
Loazzolo 67, 227
Locatelli, Alessandro 181
Lodali Eredi 63, 161

Malabaila 162
Malvirà 162
Manzone, Giovanni 52, 162 f.
Marcarini 48, 163
Marcarini, Lage 63
Marchesi di Barolo 46, 48, 49, 50, 104, 105, 164 f., 183
Marenca e Rivette 53, 95
Marenga, Romano 134
Marengo Marenda 48, 163 f.
Marino 65
Martinelli, Massimo 123

237

Martinenga 61
Martini & Rossi 216
Marzi, Adriana 160
Mascarello, Bartolo 49, 165 f., 226
Mascarello, Giuseppe e Figlio 167
Mascarello, Mauro 13, 28, 63, 84, 100 ff.
Masseria 62
Michet 43, 228
Migliorini, Valentino 182
Minuto, Franco e Sergio 167
Moccagatta 60, 62, 167, 222
Moccagatta, Lage 61
Molino, Mauro 168
Monchiero, Marco 128
Monfalletto 168 f.
Monfalletto, Lage 48
Monferrat 18, 228
Monforte 51 f., 228
Monprà 95, 148, 217
Monprivato 50, 100 f.
Montefico 61
Montestefano 61
Morando, Giulio 169
Moscato 63 ff., 228
Moscato d'Asti 63 ff.
Moscato passito 63, 66 f.
Musso 169
Muti, Ornella 191

Nada, Bruno 60, 169
Nada, Fiorenzo 169 f.
Nebbiolo 229
Negoziante 229
Neive 62
Nicola Bergaglio 226

Oberto, Andrea 35, 48, 170
Oddero 48, 170 f.
Oddero, Massimo 147
Opera Prima 75, 171
Ornato 53, 174
Oudart, Louis 23, 104
Ovello 61

Pajé 61
Pajoré 63
Parusso 35, 52, 171 f., 231
Pasquero, Elia 60, 62, 172 f.
Passum 137
Pelaverga 136, 230

Pelissero, Luigi e Figlio 60, 63, 173
Pesce, Mario 184, 185
Pianpolvere Soprano 173
Pin 37, 95, 188, 217
Pio Cesare 53, 63. 173 f., 222
Pira 174 f.
Pira, Luigi 56
Pomorosso 149
Pora 61
Produttori del Barbaresco 24, 61, 62, 143, 175 f.
Prunotto 28, 34, 47, 48, 50, 52, 62, 111, 147, 176 ff., 192

Rabajà 61
Rapetti, Francesca 149
Ratti, Pietro 123
Ratti, Renato 45, 47, 55, 95, 123
Restaurants und Hotels 205 ff.
Riccadonna 216
Rinaldi, Battista 179
Rinaldi, Beppe 179
Rinaldi, Francesco e Figli 50, 178
Rinaldi, Giuseppe 50, 179
Rinaldi, Luciano 178
Rivetti, Giorgio 188
Roagna, Alfredo 60, 75, 170
Rocca, Bruno 60, 62, 179 f., 222
Rocche 48, 51
Rocche dei Manzoni 182
Rocche di Costamagna 48, 181
Rocche, Weingut 181
Rochette 48
Roero 18, 230
Roncagliette 61
Rosé 43, 230
Ruchè 230

Saffirio, Josetta 52, 164, 183
San Pietro 226
San Rocco Seno d'Elvio 63
Sandrone, Luciano 27, 35, 56, 104 ff., 146, 183
Santo Stefano 51, 62
Saracco 65, 183 f., 222
Saracco, Paolo 183
Sarmassa 50
Sauvignon Blanc 230 f.

Scaglione, Giancarlo 66f.
Scarpa 35, 62, 184f., 190, 220, 225, 226, 230
Scarzello, Giorgio 185
Scavino Lorenzo, Luigi 116
Scavino Paolo di Enrico Scavino 185
Scavino, Enrico 28, 35, 50, 51, 106, 108ff., 116, 161
Sebaste 186
Sebaste, Mauro 186
Secondine 61
Seghesio, Aldo e Riccardo 52, 186
Seghesio, Renzo 186f.
Seifile 170
Serra 51
Serra Boella 62
Serralunga 52f., 231
Settimo, Aurelio 48, 187
Sizzano 231
Sobrero, Violante 101
Soldati, Vittorio 226
Sorì San Lorenzo 61
Sorì Tildin 61
Sottimano 60, 187
Spanna 231
Stupino, Italo, Giulio 136

Terre di Barolo 24, 46, 188f.
Testa, Gianni 176
Testa, Livio 155
Tettineive 62
Torchio, Paolo 129

Tortoniano 44, 49
Travaglini 225
Treiso 63, 231
Trüffel, weißer 203

Vacca, Aldo 176
Vacca, Celestino 176
Vajra, Aldo 34, 50, 189f., 192, 225
Vajra, Giuseppe Domenico 189f.
Vercellana, Rosa 139, 159
Veronelli, Luigi 109
Vespolina 232
Vezza, Roberto 164, 183
Vietti 34, 49, 50, 51, 62, 191f.
Vigna Arborina 74, 75, 217
Vigna Larigi 74, 75
Vigna Rionda 53
Vignaioli Elvio Pertinace 192f.
Vignolo-Lutati 44, 45
Villa Pattono 124, 217
Villa Sparina 226
Villero 50
Vingnaserra 95, 112
Vino da Tavola 216, 232
Vinotheken 214
Vittorio Emanuele II, König 139, 153
Voerzio, Gianni 49, 114, 193
Voerzio, Roberto 27, 28, 35, 49, 56, 57, 110, 112ff., 193, 222